Iluminação Diária

Sua Santidade
GYALWANG DRUKPA
O INTERNACIONALMENTE ACLAMADO LÍDER ESPIRITUAL
COM KATE ADAMS

Iluminação Diária

O Caminho para a Felicidade no Mundo Moderno

Tradução:
GILSON CÉSAR CARDOSO DE SOUSA

Editora
Pensamento
SÃO PAULO

Título original: *Everyday Enlightenment.*

Texto de acordo com as novas regras ortográficas da língua portuguesa.

1ª edição 2013.

Editor: Adilson Silva Ramachandra
Editora de texto: Denise de C. Rocha Delela
Coordenação editorial: Roseli de S. Ferraz
Preparação de originais: Marta Almeida de Sá
Produção editorial: Indiara Faria Kayo
Assistente de produção editorial: Estela A. Minas
Editoração Eletrônica: Join Bureau
Revisão: Liliane S.M. Cajado

Dados Internacionais de Catalogação na Publicação (CIP)
(Câmara Brasileira do Livro, SP, Brasil)

Drukpa, Gyalwang XII
Iluminação diária: o caminho para a felicidade no mundo moderno / sua santidade Gyalwang Drukpa com Kate Adams; tradução Gilson César Cardoso de Sousa. – São Paulo: Pensamento, 2013.

Título original: Everyday enlightenment.
ISBN 978-85-315-1830-0

1. Budismo – Doutrinas 2. Felicidade – Aspectos religiosos – Budismo 3. Vida religiosa – Budismo I. Adams, Kate. II. Título.

13-04321 CDD-294.3444

Índices para catálogo sistemático:
1. Vida religiosa: Budismo 294.3444

Direitos de tradução para o Brasil adquiridos com exclusividade pela
EDITORA PENSAMENTO-CULTRIX LTDA., que se reserva a
propriedade literária desta tradução.
Rua Dr. Mário Vicente, 368 – 04270-000 – São Paulo – SP
Fone: (11) 2066-9000 – Fax: (11) 2066-9008
http://www.editorapensamento.com.br
E-mail: atendimento@editorapensamento.com.br
Foi feito o depósito legal.

Sumário

Bem-vindos

Peregrinações a lugares santos são comuns entre os devotos das mais variadas tradições espirituais. Peregrinos cristãos viajam a Belém, judeus, a Jerusalém, muçulmanos, a Meca – e nós, budistas, atravessamos o teto do mundo, o Himalaia, até diversos sítios abençoados pela presença do Buda e de gerações de mestres iluminados que vieram depois dele.

Gosto muito de andar durante essas peregrinações. De vez em quando, organizo a "Pad Yatra", que significa "Jornada a Pé" ou "Meditar Caminhando" para meus alunos e amigos. Nessas jornadas, passamos algumas semanas percorrendo montanhas e vales. Não raro, apanhamos garrafas de plástico e outros tipos de lixo ao longo do caminho, além de visitarmos aldeias remotas que quase nunca recebem estranhos.

Essas são jornadas do *egoísmo* para a *abnegação*. Conseguimos contemplar a vida a passo lento e perceber a beleza na simplicidade, no consumo de comida suficiente para continuar andando e na descoberta de abrigo para nossa cabeça à noite. Aceitamos tudo o que houver pelo caminho. Sabemos que somos parte da natureza, ou melhor, que *somos* a natureza. Em vez de pisar fundo no acelerador e, na pressa, ignorar os detalhes do curso da vida, nós podemos olhar à volta para o modo como as outras pessoas vivem e interagem, para o modo como o Sol nasce e se põe. No fim, ficamos somente eu e minha consciência, observando-nos mutuamente assim como somos.

Espero que possamos caminhar juntos por algum tempo, ao longo do trajeto que o próprio leitor escolher. Talvez você queira participar, à sua maneira, daquilo que chamo jocosamente de Clube da Tartaruga. Formei esse grupo para os amigos e alunos que não conseguiam andar tão depressa quanto seus companheiros durante a Pad Yatra. Com o tempo, descobri como é bom estar no Clube da Tartaruga, a ponto de desejar ser seu presidente!

Gosto do mundo moderno; nele, temos incontáveis oportunidades de ser generosos e inspirar-nos uns aos outros. Porém, no dia a dia, é fácil não prestar muita atenção às coisas e não reservar um tempo para perceber como a vida é preciosa. Nossa mente se torna frenética e irrequieta. Corremos em direção a uma esperança ou um sonho futuro – ou nos afastamos dos acontecimentos do passado. Rompemos os vínculos com a vida, com o nosso próprio ser, e esquecemo-nos de usufruir a jornada. Às vezes, começamos a perder a fé no mundo que nos cerca; são tantos os problemas a resolver que colocamos uma venda e deixamos de enxergar o que está bem à nossa frente, na soleira, ou o que *podemos* pôr em prática para fazer a diferença. Apegamo-nos à nossa visão rígida da vida, ao modo como desejamos que as coisas sejam. Entretanto, quando o mundo não responde aos nossos anseios e desejos, ficamos frustrados e intratáveis, esquecidos de que é preciso que sejamos flexíveis e receptivos para que a vida não se torne ainda mais difícil.

Sinto às vezes que precisamos reduzir a marcha e olhar em volta. Por isso, o Clube da Tartaruga nunca me sai da cabeça. Quando desaceleramos, temos *mais* tempo para fazer aquilo que realmente importa, podemos examinar em detalhes aquilo que está ao nosso redor, podemos nos sentir ligados ao nosso próprio corpo, à nossa própria mente, a todas as pessoas com quem convivemos e ao mundo que nos cerca. Sim, porque *tudo* nesta vida está interconectado – o importante é o modo como *vemos* e avaliamos essas conexões, o modo como as apreciamos. Para isso temos de aprender a aceitar as coisas com mais leveza, a absorver melhor o cenário da vida. É fácil caminhar em companhia de outros a passo descontraído e, não raro, com o tempo, vamos adquirindo mais resistência. Podemos conversar durante a jornada, refletir sobre o que chama nossa atenção e realmente nos inspira, ter tempo para inspirar também nossos companheiros. Hoje, esse caminho do meio, tão suave, nem sempre é bem aceito; estamos num mundo competitivo, que nos pressiona a sermos *os* melhores quando a vida consiste de fato em fazer o *nosso* melhor agora, pois o agora é que verdadeiramente importa.

Ler este livro é uma boa oportunidade para você diminuir a velocidade do cotidiano e olhar em volta, aprimorar sua compreensão, conectar-se com o seu ser e depois com os seus semelhantes. Assim, começará a descobrir ou a conhecer mais profundamente suas motivações interiores e o que de fato quer realizar. Em essência, trata-se de um delicado lembrete para você viver sua vida com compaixão; para ser gentil consigo mesmo a fim de ser gentil com o próximo. O livro poderá ajudá-lo a acalmar sua mente irrequieta e a esquecer das comparações e dos julgamentos, seus ou dos outros.

Quando diminuímos o passo para renunciar a julgamentos, conseguimos verdadeiramente observar o mundo e aprofundar a compreensão que temos dele. A *compreensão* é a essência das boas coisas em nossa vida e no mundo à nossa volta. Ao olhar os outros com compreensão, colocamo-nos no lugar deles, vemos as coisas de seu ponto de vista e reconhecemos que estamos, todos nós, no mesmo barco. Manifesta-se então um amplo senso de liberdade. Neste mesmo instante, muita gente está ansiosa e com medo. Vivemos num mundo em que a ideia de controle é importantíssima: ou ficamos sob o controle de outras pessoas ou queremos, nós mesmos, controlá-las o tempo todo – numa batalha que jamais traz a liberdade ou a felicidade, mas apenas falsas expectativas e desapontamentos. Maridos controlam esposas; esposas controlam maridos. Os pais controlam seus filhos, e os filhos, atualmente, controlam cada vez mais seus pais. Já não sabemos gozar a liberdade e ser nós mesmos; quando precisamos contar somente conosco, sentimo-nos solitários ou tristes; e quando temos de nos contemplar face a face, lamentamos o que vemos.

O que mais prezo em minha vida é a *aceitação*. Ela me permite gozar cada minuto, independentemente das circunstâncias em que me encontre ou dos desafios e das dificuldades que enfrente. Ela me ajuda a pôr de lado julgamentos e comparações. Graças a ela, sei que sou bom o suficiente na medida em que simplesmente procuro fazer o melhor. É essa sensação de paz que espero, de algum modo, transmitir a você por meio das palavras deste livro ou das lições que ministro em movimentos como "Live to Love" [Viver para Amar]. Você não precisa ser perfeito nem colocar esse fardo nos ombros de outras pessoas. A compreensão de que estamos ótimos exatamente como somos nos dá coragem para banir os absurdos de nossa vida e vivê-la de modo a fazer do mundo um lugar melhor, o que é a maneira ideal de infundir felicidade em nosso coração.

Passos ao longo do caminho

Todos nós temos um caminho para a iluminação e, para encontrá-lo, precisamos primeiro desenvolver certo grau de compreensão e conhecimento. Adquirimos assim uma postura que nos permite finalmente entrar em ação e pôr nossas ideias em prática, no dia a dia.

Aos poucos, sua mente retornará ao estado normal de lucidez e acuidade. Você fará uma pausa para respirar na corrida do cotidiano e criar um pouco de espaço para se unir a seu ser e fazer alguns reparos graças aos vários métodos que lhe ensinarei. Conseguirá realmente empreender um autoexame e retirar as camadas do ego, do apego e das emoções prejudiciais que se interpõem entre você e sua essência, seu verdadeiro ser que ainda é capaz de se maravilhar como uma criança diante da preciosidade da vida.

No mundo moderno, é fácil ceder ao impulso de buscar fora de nós todas as coisas, das posses materiais ao reconhecimento de nossas realizações e nossos sucessos. Chegamos a definir nossa identidade pelos olhos dos outros, assumindo papéis e desempenhando-os. Permitimos que nosso humor seja influenciado e procuramos a felicidade onde ela não está. Porém agora você decidiu ser você mesmo. Quando descobrir como é importante amar a si próprio, você será capaz, naturalmente, de amar sua família, seus vizinhos e até todos os outros seres.

Tudo está dentro de você

Ao longo do caminho, você começará a se livrar dos apegos sufocantes e aprenderá a renunciar a expectativas, desejos e necessidades. Gozará a imensa liberdade de, ao fim do dia, estar com as mãos vazias, percebendo como é maravilhoso ser simplesmente uma criatura humana.

O senso de renúncia liberará seu tempo e seus pensamentos, renovando suas energias. Imagine quanto espaço haverá em sua mente depois que você eliminar dela todas as preocupações, a autoconsciência e as perplexidades. Perceberá então o que realmente o inspira; disporá de espaço e liberdade para crescer e dilatar-se, inspirando também os demais. Você conhecerá seu ego, essa máscara frágil, mas poderosa, que todos usamos na vida e que você irá retirar aos poucos até chegar ao seu verdadeiro eu, até descobrir o que realmente o torna confiante.

Entrará em contato com seus mestres, que lhe dão apoio e encorajamento e que devem ser valorizados ao máximo. E, também importante, notará que certas pessoas, infelizmente, são negativas para você e você para elas. Afastar-se dessas influências, mesmo mentalmente, permitirá que sua compaixão e paciência aumentem.

Poderá então desenvolver sua postura, a vontade de *ser* bom e *fazer* coisas boas – alegrar-se com a felicidade dos outros e mostrar-se generoso em vez de atender unicamente a seus próprios desejos; revelar humildade e paciência, agir com amor e ternura. Isso exige muita prática, pois é a maneira de encontrar seu caminho e gozar a vida no cotidiano. E *a hora é agora*.

"A felicidade não diminui
quando é partilhada." – Buda

O segredo do caminho incomum é que, cuidando de seus semelhantes, você estará de fato cuidando de si mesmo. E você deve cuidar de si mesmo e do seu próprio bem-estar para cuidar dos seus semelhantes, mas partindo da generosidade e não da fixação no que "eu quero" ou "eu preciso". Trata-se de um ciclo de interdependência e conexão: temos de cuidar dos outros para cuidarmos de nós mesmos; temos de cuidar de nós mesmos para cuidarmos dos outros. As duas coisas são necessárias para percorrermos o caminho incomum com o qual nos beneficiamos mutuamente. Isso é compreensão.

Percorrer o caminho é pôr tudo em ordem para relaxar e apreciar as coisas com alegria. Você pode começar pela contemplação e depois passar à prática – e é com a prática que realmente aprende. As melhores lições da vida decorrem de sua vivência. A cada dia, você procura ser um pouquinho melhor para com os outros e, assim, você mesmo se torna uma pessoa melhor, passo a passo, em pequenas doses. Essa prática se torna eficaz em longo prazo e torna o caminho acidentado mais suave.

Somente pela compreensão da importância de sua vida você conseguirá descobrir o modo de melhorá-la, de encontrar seu significado. E, para isso, terá de se libertar da visão rígida que tem de si mesmo e do mundo à sua volta. *Qualquer coisa pode acontecer daqui a um minuto; essa é a beleza da vida.*

Talvez você esteja frustrado com certos aspectos de sua vida; talvez, com frequência, fique colérico ou nervoso e se sinta triste, arrependido ou culpado. Pode andar em busca de significação ou perguntar-se inseguro: "Será que é isso mesmo?" Não quer se queixar, mas acaba se queixando, às vezes por muito pouca coisa. Ou, de algum modo, percebe que o tempo está passando e você não o aproveita; não há horas suficientes no dia, e você não se sente realizado, as coisas não vão bem. Quer ser corajoso e seguir os ditames de seu coração; porém alimenta expectativas demais para cuja realização receia tomar as decisões erradas. O mais fácil é não tomar decisão nenhuma ou preencher seu dia com uma série de compromissos. Isso, porém, começa a cobrar seu preço; por causa do *stress* ou do tédio, você não é você mesmo.

Espero que, ao ler este livro, você conclua que, embora a vida seja sem dúvida cheia de desafios, você, como ser humano, é *suficientemente bom*; nem melhor nem pior que os outros, apenas *você*. E que não precisa buscar a felicidade em outra parte porque ela está onde você está agora mesmo. Tudo está dentro de você. E, em vez de aplicar esparadrapos ao nosso sofrimento, podemos descobrir as verdadeiras causas de nossa raiva, nossa inveja e nosso orgulho. Podemos começar a nos descontrair. Podemos intercambiar conhecimentos. Podemos ajudar-nos uns aos outros.

Não quero dizer que devamos tentar escapar à vida moderna, mas, sim, que precisamos aprender a complementar e enriquecer o mundo de hoje com nossas ações, tendo sempre consciência de que todos nós viemos da natureza e, a despeito das chamadas diferenças, no fundo, nós somos iguais. Eu próprio sou bastante otimista com relação à "era moderna" porque sempre penso que os próximos anos serão melhores que os anteriores. É o que sinto; e gostaria que meus alunos e amigos sentissem o mesmo. Não me apego ao futuro – afinal, estou aqui, no presente –, mas acho melhor ser otimista, ter bons sentimentos com respeito à vida. Assim, o que quer que nos aconteça como entidade coletiva terá sua razão de ser.

Muitas pessoas falam e pensam negativamente sobre o futuro, predizendo que será péssimo para todos. Há muito sofrimento neste mundo, mas prefiro achar, com otimismo, que podemos mudá-lo, que há caminhos melhores caso partilhemos amor e compaixão.

Temos motivos para sermos otimistas. O potencial está aí: afinal, é uma grande sorte sermos criaturas humanas. Acredite nos outros e você acreditará em si mesmo. Essa é a nossa abordagem, muito simples. Tenho viajado pelo mundo durante anos, ensinando e fazendo palestras em vários lugares, e por todo esse tempo a experiência só me deu coragem. Examinando as recordações que acumulei, posso notar que meus alunos mudaram. Eles se tornaram mais espiritualizados, o que a meu ver é uma excelente mudança e um grande passo à frente. Essa atitude positiva está se impondo.

Não vou afirmar que essa jornada seja fácil, sem problemas. Como você, sou um principiante e, portanto, só posso dar o melhor de mim a cada dia e procurar aprender mais. Porém quero que se lembre de uma coisa: existe apenas uma bênção na vida, que é olhar o mundo e os semelhantes com compaixão, com compreensão genuína. Da compaixão brota a solicitude, a generosidade, a paciência e, é claro, a felicidade. Pedir outro tipo de bênção na vida – sorte, namorado ou namorada, dinheiro ou sucesso – é pedir coisas passageiras. Peça, antes, uma luz para ver o mundo com lucidez – você não precisará de mais nada.

Somos o que pensamos

Se você deseja realmente melhorar sua vida, procure melhorar primeiro sua mente. Quando escuta um ensinamento, precisa de início relaxar totalmente e abrir-se para *receber* alguma coisa. Todo recipiente precisa estar aberto para ser preenchido. O que acontecerá se permanecer fechado? Nada entrará nele.

> *"Permaneça aberto e a vida será mais fácil.*
> *Uma colher de sal num copo*
> *torna a água intragável. Uma colher de sal num lago*
> *passa quase despercebida."* – Buda

Sei que, em qualquer aula, sentimo-nos tentados a fazer inúmeras perguntas. Recomendo-lhe, no entanto, que as faça de maneira descontraída, sem vir a todo instante com um "mas, e se...". Ao ler o livro e começar a praticar seus ensinamentos, dirija as perguntas a você mesmo, à sua própria natureza. Deixe que elas fermentem dentro do seu ser. Essa é a forma correta de perguntar e de obter respostas. As perguntas são para ajudá-lo a entrar em contato com suas próprias percepções. Algumas, feitas de vez em quando ao longo do caminho, podem ser muito importantes. Porém elas têm de induzi-lo a tornar-se mais descontraído, não mais rígido e obstinado.

Certos aspectos da vida moderna costumam funcionar como armadilhas, arrebatando-nos num torvelinho de compromissos e expectativas; com a espiritualidade pode acontecer a mesma coisa se insistirmos em fazer tudo direito, seguindo todos os rituais na esperança de que subitamente ficaremos iluminados, em vez de encarar essa espiritualidade com calma e descontração. Quando transformamos a iluminação e a felicidade em expectativa ou exigência, estamos procurando nos lugares errados. Frequentemente, o ritual e a prática espiritual sufocam a prática em si, além de, muitas vezes, ficarmos presos a essa antes de saber que rumo tomar. Acho bom entender que nós somos principiantes e até crianças em se tratando de nossa mente, pois assim não tentaremos correr antes de dar o primeiro passo. Mais vale fazer algo bem pequeno, mas com consciência, porque então visualizamos o cenário da vida e seu significado.

Se você tentar fazer muita coisa sem primeiro compreender o que quer, talvez comece a questionar por que está fazendo isto ou aquilo, decepcionando a si mesmo e aos outros. No entanto, se souber que, muito provavelmente, irá ter hesitações e cometer enganos pueris, poderá rir de si mesmo e do mundo. Quem consegue rir de si mesmo dificilmente cai na armadilha da cólera, da decepção ou da inveja. E normalmente caminha a passo mais leve.

Portanto, aconselho-o a sempre examinar qualquer ensinamento antes de segui-lo. Relacione o ensinamento à sua própria vida: poderá ele ajudá-lo a solucionar um problema ou dar-lhe inspiração? Revolva na mente essa pergunta e direcione também suas ideias e seu saber para o coração, a fim de descobrir quais são os seus sentimentos.

Recomendo-lhe que faça essa pergunta ímpar ao longo do caminho, desde que ela não o afaste da prática; pois só quando colocamos em prática as ideias é que verdadeiramente começamos a responder às nossas próprias indagações. Às vezes, nos envolvemos a tal ponto no exame de detalhes insignificantes que ficamos perdidos, sem conseguir começar realmente. Começar alguma coisa pode mesmo parecer difícil; é como se estivéssemos impedidos de realizar ações positivas. Todavia, em se tratando de hábitos negativos, parece não haver nunca obstáculos! A prática de boas ações, de generosidade ou meditação, por exemplo, lembra muito o trabalho duro. Refletimos sobre o que queremos fazer, mas nada acontece durante anos. Então, em algum ponto da linha, nossa intenção positiva desaparece – desaparece até a ideia de realizar algo positivo. As coisas talvez nem sejam tão ruins assim, mas nos tornamos preguiçosos, começamos a vagar a esmo, deixando tudo nas mãos do "destino". Em consequência, quase sempre não chegamos a lugar nenhum e, no fim da vida, descobrimos que desperdiçamos tempo e energia, deixando escapar a oportunidade de viver. Por isso, incentivo-o veementemente a permanecer firme em sua decisão. Ela é um dom.

Quero, pois, dar-lhe minhas mais efusivas boas-vindas no início desta jornada. Acolho-o do fundo do coração. Descobri, com o passar dos anos, que meu dom nesta vida é o de encorajar meus semelhantes. Espero que caminhemos juntos por algum tempo e que você aperfeiçoe sua compreensão de si mesmo e das pessoas que o cercam, encontrando assim inspiração e tornando-se mais compassivo. Você terá de mesclar sua motivação ao ensinamento e lembrar-se sempre das razões que o levaram a abrir este livro. E quando algo murmurar a seu coração que você deve fazer alguma coisa, *faça-a*, empenhe nela todos os esforços a fim de desafiar seus velhos hábitos e a visão negativa que tem de si mesmo para percorrer seu próprio caminho incomum.

I

O caminho incomum

"O caminho está no coração." – Buda

Muitas são as lições que os membros do Clube da Tartaruga me ensinam enquanto sobem lentamente os caminhos das montanhas. É bom reservar algum tempo para contemplar nossa vida com seus altos e baixos; para refletir sobre como a vida é preciosa, valorizando aquilo que temos em vez de lamentar aquilo que julgamos estar faltando. Recomendo-lhe postar-se diante do cenário de sua vida e da natureza para passar em revista todos os amigos maravilhosos e entes queridos com quem teve a sorte de caminhar. Procure não se sobrecarregar de cuidados ou expectativas, mas avance a passo leve, apreciando cada dia da viagem. Vá devagar, não se apresse, e logo descobrirá o que realmente chama sua atenção, o que o inspira e o que lhe importa. Seu coração sabe o caminho.

Aproveite a jornada

"Mais vale viajar bem que chegar." – Buda

Desde o encerramento do segundo Concílio Anual Drukpa (Annual Drukpa Council – ADC), não tive a oportunidade de agradecer a todos os nossos monges e as monjas por sua presença e seu trabalho incansável. Não pude sequer agradecer a todos os esforçados voluntários, mas penso que, caso saibam se valorizar devidamente, isso é bem melhor do que se eu lhes agradecesse um por um.

Gostei bastante de tudo o que vi no segundo ADC. Houve algumas reclamações, algumas coisas ótimas, alguns acidentes, algumas pequenas falhas, algumas pessoas muitíssimo felizes, algumas pessoas muito animadas, algumas pessoas muito estressadas.

Houve quem se queixasse de que tivemos poucas aulas e muitos espetáculos culturais. E houve quem dissesse que um concerto foi além das medidas, motivo pelo qual saíram porque acharam aquilo ofensivo e excessivamente barulhento. Posso entender essas pessoas e aprecio o fato de, pelo menos, terem vindo e se reunido. Aceito sua discordância e suas queixas porque cada um tem o direito de dar opiniões, que devemos ouvir e respeitar. A estrada que percorremos é árdua e acidentada. Entretanto, se não relaxarmos, não poderemos ser praticantes espirituais autênticos.

Por isso não me canso de repetir como um velho rabugento "Usufruam e se rejubilem, sem nenhuma expectativa". Não importa que as pessoas o aborreçam, não importa que as pessoas o enganem, não importa que as pessoas nem sequer lhe digam "obrigado"; se você valorizar tudo o que vê à sua volta, das experiências ruins às experiências boas, sua vida terá enorme significado, será cheia de compreensão, felicidade, alegria, força e coragem.

Escrevi isso em meu diário depois do segundo Concílio Anual Drukpa, durante o qual nos reunimos para ensinar, mas também trocar opiniões e conhecimento. Esse tempo juntos verdadeiramente deixou claro para mim que viver é apreciar. Porque, no passo rápido da vida moderna, reservar algum tempo para usufruir da jornada pode parecer uma concessão inaceitável. Nossas listas de tarefas vão se alongando cada vez mais, nossos objetivos se tornam cada vez mais ambiciosos e mais atraentes. Quando foi que a vida se tornou uma maratona?

Se conseguirmos suspender o fôlego e, olhando em volta, contemplar a vida com um senso renovado de valorização, a própria viagem assume mais colorido e mais profundidade, pois então começamos a distinguir melhor os detalhes do cenário. Ganhamos tempo para encontrar bons amigos, para ajudá-los. Passamos a nos conhecer melhor e, assim, a identificar a verdadeira felicidade quando ela se apresenta, a perceber aquilo que nos inspira. Já não nos atemos a determinados desfechos; ao contrário, aceitamos mais facilmente as mudanças, o fluxo dos altos e baixos. Certos de que faremos o melhor, o que vier que venha. Temos consciência de ser afortunados; sabemos que, com suas vitórias e derrotas, a vida é boa.

Para encontrar seu próprio caminho é essencial que você, primeiro, avalie bem seu nascimento e sua existência. Avaliar corretamente pode mudar o mundo. Sem isso, a vida é tediosa, as pessoas são incômodas, o mundo é sem graça. Contudo você não se sente apenas aborrecido, sente-se também desanimado. Pense nisto: quando desanimamos, permitimos que o medo assuma o controle ou apague a nossa chama. Não sentimos vontade de fazer nada. Só de dormir. Então, sobrevém a preguiça. Você tem muito a fazer, mas não sabe por onde começar e fica, portanto, inerte ou paralisado. Talvez queira sacudir o marasmo – e acaba recaindo na mesma rotina, conhecida, porém não mais gratificante. Procura ser feliz adquirindo mais bens ou, em noitadas, comendo e bebendo em excesso; no entanto, o que faz é desperdiçar sua preciosa vida não começando nunca. É bom, quando estamos inspirados, refletir sobre o fluxo da existência e perceber que captamos a marcha do mundo em vez de nos sentirmos fora de ritmo.

Você precisa saber que é importante – que seu corpo, sua mente e sua vida valem a pena. Se não conduzir bem sua vida ou ignorar o que ela vale, você perderá o equilíbrio e as coisas começarão a ir mal em seu mundo. Só conseguirá tornar a vida melhor e mais frutífera se compreender quão preciosa ela é. Nossa passagem por este mundo dura um piscar de olhos, então por que não aproveitá-la ao máximo?

Quando percebemos a importância da vida, percebemos igualmente que já é hora de fazer o bem, de ajudar e inspirar nossos semelhantes, sobretudo os menos afortunados que nós. Nossa avaliação é um despertar que, por sua vez, se transforma em motivação.

Sua vida é preciosa

São muitas as coisas boas desta vida que precisamos valorizar devidamente: andar, dormir, comer, olhar para as pessoas com um sentimento cálido no coração, ouvir, ajudar. Pense nas pequeninas coisas de sua vida que lhe trazem felicidade. Seu corpo é precioso. Seus talentos são preciosos. A vida é preciosa.

Se, bem no íntimo, você for capaz de valorizar essas coisas, logo encontrará seu caminho e fruirá momentos de iluminação mesmo a partir dos episódios mais corriqueiros do cotidiano. A vida é fascinante! Também a felicidade, a felicidade genuína, provém da valorização. Então, você se sente afortunado, descontraído, apto a saborear cada momento.

> *"Quando uma porta da felicidade se fecha para nós, outra se abre mas, muitas vezes, ficamos olhando durante tanto tempo a que se fechou que não vemos a que se abriu."*
> – Helen Keller, "We Bereaved"

Frequentemente, procuramos a felicidade nos lugares errados, naquilo que não possuímos. Nossas queixas afugentam a felicidade. Pensamos nas coisas que nos faltam e não nas muitas razões maravilhosas que temos para sermos felizes aqui e agora. "Não possuo isto, não possuo aquilo, ele me fez isto, ela me disse aquilo." É como se, procurando ser saudável, você só pensasse nos alimentos que não estão ao seu dispor, esquecendo a grande variedade que pode facilmente consumir. Ou descobrisse que tem certa tendência ao descontrole quando surge a oportunidade de comer, adquirir bens materiais, buscar excitação e prazer. Quando nos descontrolamos, não conseguimos jamais gozar a experiência – ela perde o encanto. E talvez você conclua que está comendo demais, gastando em excesso ou mesmo esbanjando dinheiro por se sentir nervoso ou infeliz lá bem no fundo de sua mente. Precisa comer e gastar cada vez mais; todavia, já não consegue valorizar coisa alguma. Quer conforto e, de algum modo, nunca o obtém porque está procurando no lugar errado.

Quando temos fome de verdade e estamos com o estômago vazio, nossos sentidos se aguçam e saboreamos cada bocado de pão com consciência e reconhecimento – em suma, com alegria. Não é que aquele pedaço de pão, em si, nos faça felizes; o que nos faz felizes é a capacidade de o valorizarmos. Isso é o que torna a vida tão variada. Agindo assim, você percebe os mínimos detalhes do cotidiano a partir do momento em que abre os olhos e isso significa que quer se levantar da cama e valorizar o momento, em vez de virar de lado e se esconder sob as cobertas.

> *"O homem insensato procura a felicidade ao longe, o homem prudente cultiva-a sob seus pés."* – James Oppenheim

Como tantos outros, você provavelmente foi incentivado a ter e a perseguir inúmeros objetivos na vida. Sem dúvida, é muito bom trabalhar com afinco e ser ativo; mas existe a tendência para olhar apenas para onde iremos e não para onde estamos. Valorizar, no dia a dia, é usufruir de cada passo na jornada, ter tempo para olhar em volta e perceber a beleza da vida: num sorriso, no afeto a um ente querido, na contemplação da natureza, na dedicação ao trabalho, no sabor de uma boa xícara de chá ou simplesmente na suspensão momentânea das atividades para relaxar e deixar que o mundo gire à vontade.

Por mim, creio que a felicidade consiste em valorizar até mesmo os obstáculos encontrados, pois eles são lições que vamos aprendendo ao longo do caminho. De fato, valorizar a vida é o melhor dos investimentos: isso nos fará tão felizes que, mesmo nas piores situações, estaremos seguros, tranquilos e contentes.

Quando valorizamos de maneira correta nossa vida, temos muitas coisas para fazer e muito tempo para fazê-las porque, entre o tempo e as coisas, as frivolidades não interpõem nenhuma barreira. Há pessoas, neste mundo, que julgam não ter tempo nem sequer para comer. Vários alunos meus dizem isso, achando que são muito ocupados; não são, porém, ocupados no verdadeiro sentido da palavra, sua vida é que está sufocada por ninharias. Não passam de escravos dos compromissos que imaginam ser obrigados a cumprir e não têm tempo para cuidar de si mesmos.

A falta de valorização em sua vida é que acarreta a multiplicação das frivolidades. A vida então parece caótica e você se sente pressionado a cada minuto do dia, mas não particularmente feliz. É como se corresse

LISTA DE AGRADECIMENTOS

Por que não elaborar uma lista, agora mesmo, das coisas do dia a dia que você valoriza e pelas quais se sente agradecido? Tente encontrar algo, diariamente, sobre o que possa refletir, ao acordar de manhã ou ao descansar à noite. Não importa o que seja - do sorriso de seu filho a um estranho batendo à sua porta. Procure o lado bom da vida, pois, como tudo neste mundo, a valorização floresce e dá mais frutos se for adubada. Você começará a ver as coisas com olhos mais compreensivos. Quererá tirar o máximo de suas oportunidades na vida e, aos poucos, notará até como são proveitosas as lições ministradas pelos desafios e obstáculos do cotidiano.

sem parar e não chegasse a lugar nenhum. É como se não fosse ninguém, um fantasma de si mesmo, tentando desesperadamente encontrar um rumo. Há um comentário deprimente e muito comum que as pessoas fazem e que diz bem quanto as coisas precisam mudar: "Minha vida é uma droga!" Acho isso muito triste: a vida é riquíssima. No entanto o simples fato de você estar a caminho mostra que até certo ponto compreende bem a situação e quer sua vida de volta, de modo a ter tempo suficiente para fazer muitas coisas boas. E quando descobre algo que realmente aprecia, deseja partilhá-lo com os demais em vez de guardá-lo só para si. Mesmo quando respira, mostra que valoriza o mundo por meio de sua respiração, de sua felicidade e de sua saúde.

O que é a felicidade?

Todos nós queremos ser felizes ao longo do caminho, mas nem sempre sabemos muito bem o que é a felicidade. Será o prazer oriundo de determinada experiência, o convívio com determinada pessoa ou a presença num determinado lugar? Sentir-se feliz é egoísmo? Podemos transformar a felicidade num sentimento permanente?

Com frequência, estamos tão ocupados correndo atrás da felicidade que não a vemos bem diante de nós. A felicidade lembra o orvalho na relva, que ali fica por um instante e logo desaparece: tão depressa provamos seu sabor, ela se vai com idêntica rapidez. Da mesma forma, o prazer, uma vez provado, foge de nós, tornando inúteis nossos esforços para preservá-lo, como inútil é tentar conservar as gotas de orvalho ou perseguir o arco-íris. Comumente, nossa experiência da felicidade é essa, baseada no prazer, e perdemos muito tempo e energia na ânsia de encontrá-la. Entretanto, sem dúvida, a felicidade serena e duradoura pode ser conquistada; é menos intensa que o gozo fugaz do prazer sensorial exacerbado, mas ainda assim rica e profunda.

> *"A felicidade é um perfume que você não pode borrifar nos outros sem que algumas gotículas respinguem em você mesmo."* – Ralph Waldo Emerson

A felicidade nos une. Todos nós sentimos o mesmo desejo de ser feliz e, ao mesmo tempo, de evitar a dor e a tristeza. No entanto, eis aí algo sobre o que raramente pensamos e que raramente entendemos a fundo. Constatando que qualquer outra pessoa quer a mesma coisa, começamos a perceber a felicidade como algo pleno de compaixão e altruísmo, não como uma busca egoísta de prazer, de realização de nossos próprios desejos. Como disse o Buda, "Milhares de velas podem ser acesas por uma só, sem que a vida dessa última fique mais curta. A felicidade não diminui quando é compartilhada". A felicidade nos torna bons seres humanos.

Para mim, a felicidade vem da valorização. Ela surge quando estamos completamente inspirados, quando estamos intimamente ligados a algo que nos estimula, que de fato chama a nossa atenção. Querer aprimorar a nossa compreensão de uma coisa, mesmo num grau mínimo, é ótimo. Aprender nos faz feliz. Eu, por exemplo, desejava aprender francês porque não conseguia me comunicar bem com meus alunos franceses, e isso me deixava um pouco abatido. Comecei a estudar essa língua e grande foi minha alegria à medida que meu conhecimento dela aumentava. Quando aperfeiçoamos nossa compreensão, aperfeiçoamos nossa sabedoria e passamos a trabalhar com mais eficiência em benefício dos outros. Lembrar-se disso irá ajudá-lo a se sentir mais motivado. Se continuar aprendendo dia após dia com a motivação de dar alguma coisa ao próximo e ao mundo, a felicidade estará sempre ao seu lado.

A felicidade vem de dentro

Podemos presumir, com a maior facilidade, que certas coisas ou pessoas "nos fazem felizes". A felicidade, porém, está mais na maneira como reagimos: ela vem de dentro. Uma pessoa pode apresentar diversas razões para estar alegre ou triste. Pode se declarar feliz porque está junto de um amigo, porque degustou uma comida saborosa ou porque tudo corre bem. Porém a felicidade – e o mesmo se aplica ao sofrimento – não vem de fora. É a mente que goza ou padece. As coisas exteriores provocam ou intensificam, mas os sentimentos reais brotam de dentro de nós mesmos.

Suponhamos que você esteja envolvido numa atividade, lendo um livro ou admirando uma pintura. Nesse momento, sente a beleza, que muitas vezes o induz a praticar alguma ação generosa, quer ajudando os outros com seu trabalho ou simplesmente recomendando aos amigos um livro maravilhoso que o encantou. Quando uma coisa nos inspira, provoca uma reação em cadeia: nós também queremos inspirar.

> *"A felicidade consiste na imersão em algo absolutamente grande.*
> – Willa Cather

Eu também associo felicidade a "relaxamento", pois, para mim, esse estado de calma profunda é uma verdadeira alegria. Eis o motivo pelo qual gosto tanto da contemplação, quando parece que estou nadando num vasto oceano, movido por uma percepção aguçada. Não é bem um gozo sensual, mas uma felicidade sutil, íntima. A meu ver, esse é o significado do amor.

No frenético mundo atual, é fácil trocar esse tipo de felicidade descontraída pela busca de prazer e adrenalina. Entretanto, se formos frenéticos na busca da felicidade, conseguiremos encontrá-la? Se pensarmos apenas em nós, experimentaremos uma exaltação momentânea; no entanto, a emoção maior é partilhar a felicidade que nasce dos vínculos com alguém ou alguma coisa, da vontade de ver o mundo a uma luz mais pura. Quando sorrimos, nosso humor melhora. Às vezes, nem sabemos por que estamos felizes: apenas estamos e esse tipo de felicidade é maravilhosamente contagiante. Pensemos num bebê que balbucia e sorri evocando o conteúdo de seu próprio coração, quando acorda de manhã. Ele ainda não sabe exprimir sua alegria com palavras, mas nós a percebemos perfeitamente. Creio que os bebês se divertem tanto com o próprio riso quanto com as caretas que lhes fazemos. Da próxima vez que você se surpreender sorrindo, pense em como isso é uma coisa maravilhosa e procure passá-la adiante.

A felicidade nos desperta e nos torna cônscios dos mínimos detalhes da vida e do mundo à nossa volta. Claude Monet disse que sua verdadeira inspiração vinha da natureza, inspiração que nunca pretendeu guardar só para si mesmo, mas disseminou por meio da pintura: um verdadeiro presente para todos nós. Podemos encontrar, na natureza, incontáveis motivos para sermos felizes – basta reparar na generosidade da abelha. A colmeia é um exemplo de beleza arquitetônica: como um ser tão pequeno consegue criar tamanha obra-prima? A abelha, enquanto coleta o néctar para fabricar o mel, vai transferindo prestativamente o pólen de uma planta a outra: eis um ato de generosidade. Muitas searas continuam sendo polinizadas por esse inseto humilde. Acredito que o trabalho das abelhas deixe muita gente feliz, o que nos inspira a fazer de tudo para preservá-las, pois elas são realmente preciosas.

Felicidade Nacional Bruta

O minúsculo reino budista do Butão está encravado no Himalaia, entre seus colossais vizinhos, China e Índia. Há alguns anos, o Butão teve uma ideia das mais inspiradoras: medir seu sucesso como país não pelo costumeiro Produto Nacional Bruto, mas pela Felicidade Nacional Bruta. A ideia é que os programas do governo sejam julgados pelo volume de felicidade que geram e não pelos lucros econômicos que proporcionam. O objetivo consiste em criar melhores condições para a "busca da felicidade". Tudo começou com o afastamento voluntário do rei – que, aliás, era muito popular – e a realização de eleições democráticas, pois a democracia fomenta a responsabilidade individual, que por sua vez está diretamente ligada à felicidade. A saúde física dos cidadãos está incluída entre os programas, assim como o emprego do tempo e o bem-estar psicológico. Esses não são programas típicos dos governos, embora estejam intrinsecamente ligados à vida moderna e à felicidade. Pense nisto: o modo como as pessoas empregam seu tempo é considerado mais importante que o modo como gastam seu dinheiro. A forma como as pessoas colaboram entre si, no seio da comunidade, encabeça a agenda porque provoca uma reação em cadeia benéfica a todos: menos crime, melhores cuidados aos idosos e deficientes e um senso genuíno de solidariedade.

> *"Desde que ouviu seu nome, a felicidade tem andado pelas ruas procurando você."* – Hafiz da Pérsia

A felicidade, muitas vezes, não vem quando menos esperamos, quando não estamos à sua procura? Frequentemente, pensamos que, por ter tomado o caminho certo, de algum modo, seremos otimistas e felizes o tempo todo. Mas a vida, é claro, consiste tanto em felicidade quanto em sofrimento, tanto em alegria quanto em tristeza. Se não conhecermos o sofrimento, como conheceremos a felicidade? Se nos sentimos bem hoje, ótimo; se não, ótimo também. Não tente se enganar de uma maneira ou de outra, mas encare francamente seus altos e baixos; não há motivo para mantê-los em segredo, revele-os a você mesmo. Isso pode parecer estranho; no entanto, inconscientemente, mantemos muitas coisas ocultas de nós mesmos. Só examinamos nossos pensamentos de maneira superficial, o que equivale em última análise a "não conhecer".

Perguntaram-me, certa vez, depois de uma palestra, como uma pessoa pode "ser positiva" e aceitar tudo o que acontece e até se preparar para o pior. Acaso preparar-se para o pior é uma atitude positiva? Sei que, no mundo moderno, há muita pressão para sermos sempre positivos – mas isso é correto? Coisas ruins acontecem na vida; coisas tristes também. Na verdade, a única certeza que há na vida é a morte. Devemos encerrá-la num cofre em vez de deixá-la livre em nossa mente, onde podemos revirá-la de um lado para o outro e tentar compreendê-la? Fortalecer a mente e preparar-se para o que der e vier não é ser pessimista e não quer dizer que estamos *esperando* pelo pior. Conforme veremos adiante, o melhor é não alimentar expectativa nenhuma, pois as expectativas são realmente uma espécie de cadeia invisível. A melhor preparação é agir bem hoje e não procurar predizer o que acontecerá amanhã.

> *"Quem não chorou copiosamente,*
> *não começou a meditar."* – Ajhan Chah

O Buda chamou os percalços da vida de "ciclo do sofrimento". Isso pode parecer muito negativo à primeira vista, mas convém sermos honestos e não nos iludirmos fingindo que tudo é perfeito. Agindo assim, abrimos caminho para a decepção inevitável. Também é fácil contrair o hábito de perder tempo à procura de tudo o que está "errado" na vida. Certas pessoas dizem que devemos nos queixar para sermos honestos; que, caso contrário, estaremos nos enganando. Quando escuto isso, não discuto, apenas sorrio e fico quieto. Concordo que o melhor é sermos francos e corajosos se quisermos ser autênticos, mas a pergunta que eu gostaria de fazer é: onde isso começa? As queixas negativas vão se acumulando e, logo, as coisas boas ficam soterradas, não podendo mais ser reconhecidas e avaliadas.

Quando realmente nos dispomos a pensar nisso, a reservar um pouco de tempo no começo e no fim do dia para encarar nossos altos e baixos, nossa compaixão também se desenvolve de um modo natural e genuíno. Então, não fugimos mais dos enganos e percalços, mas aceitamos as lições do dia sem perder a cabeça. Não convém nos apegarmos demais a nada; o melhor é nos descontrairmos. Quando nos conhecemos melhor, passamos a reparar em nossas semelhanças, e não em nossas diferenças. Aquela pessoa que nos decepciona também pode ter

ANALISE O DIA

Deite-se na cama, feche os olhos e pouse uma das mãos sobre o coração. Pergunte a si mesmo: "O que aconteceu hoje?" Faça com que seus pensamentos cheguem ao coração e começará a perceber que *sabe*, mas tem interesse em saber mais. O que está no centro de sua vida? Encare suas experiências com honestidade. Não peço que veja tudo a uma luz positiva, apenas que aceite as coisas como são: momentos no tempo, alguns que o fazem se sentir bem, outros que lhe trazem graus variados de infortúnio. O segredo é ser honesto consigo mesmo e analisar seus sentimentos com compaixão e aceitação pelo que é – sem proferir juízos de valor. Você precisa, forçosamente, saber as causas básicas daquilo que lhe acontece. A vida é uma série de experiências de todos os tipos; se você puder encará-las com um senso de genuína compaixão por si mesmo, sem queixas, inquietações ou cólera, então começará a perceber como são as coisas e como se desenvolveram.

tido um dia de altos e baixos como o nosso. A compaixão não surge numa onda enorme, repentina; mas, à medida que nossa avaliação dos detalhes se aprofunda, nossa compreensão de nós mesmos e dos outros aumenta.

"Ame a si mesmo e fique atento...
Hoje, amanhã, sempre."
– Buda

Seu corpo é precioso

O corpo humano é como um barco, e nosso trabalho consiste em navegar pela corrente da vida da melhor maneira possível. Podemos, também, ver o corpo como uma casa de hóspedes; sem ele não sobrevivemos nem avançamos em nosso caminho, mas não o levamos conosco: no fim, o corpo fica para trás. Seja, pois, bondoso para com seu corpo e mostre-lhe o máximo respeito. Trate-o da mesma forma como trata amigos, inimigos, propriedades, tudo. Cuidando de sua saúde tanto quanto possa, você age decentemente para com essa casa de hóspedes que é seu corpo.

De algum modo, no curso de gerações, perdemos contato com o nosso corpo. Não o consideramos precioso e até o achamos pouco satisfatório em muitos pontos, se é que alguma vez nos detemos para pensar nele. O amor e o respeito naturais ao corpo foram substituídos, em algumas pessoas, por uma crescente atitude de desinteresse. O corpo se tornou algo a ser rigidamente controlado de fora, numa relação tensa e improdutiva. Já não sabemos como nos relacionar com nosso próprio corpo; ou o comparamos desvantajosamente com o dos outros ou o ignoramos, em vez de cuidar bem dele, pois isso exige um tempo e um esforço de que não dispomos. Lutamos contra o processo natural de envelhecimento, esquecendo-nos de que nosso corpo, tal como nossa vida, são como rios e correntes, sempre fluindo, sempre mudando.

Consideremos a relação entre o que comemos e nossa saúde. Ela é amplamente reconhecida tanto no Oriente quanto no Ocidente, mas a obesidade vai se tornando um problema cada vez mais grave, sobretudo quando os países se modernizam com muita rapidez. É como se houvéssemos rompido os vínculos entre nosso corpo precioso e aquilo com que o nutrimos. Mal sabemos, hoje em dia, de onde vêm os alimentos, embora, de algum modo, sejam originários da natureza. Há pouquíssima coisa reconhecidamente natural na maioria dos produtos que consumimos; muitos são os processos pelos quais eles passam da fazenda até a mesa, por isso, talvez, nos preocupemos tão pouco com a qualidade do nosso alimento e a maneira como o ingerimos.

Quando, numa plantação, apanhamos diretamente do pé um tomate e degustamos sua doçura, logo nos lembramos do modo maravilhoso com que a natureza nos fornece alimento para nos manter saudáveis. E não apenas saudáveis: o alimento aguça nossos sentidos, especialmente quando saboreamos cada bocado. Muitas pessoas acham que não dispõem de tempo nem sequer para se sentar à mesa e comer; comemos andando, no carro, no escritório, enquanto falamos ao telefone ou enviamos mensagens pelo computador entre um bocado e outro. E, como comemos desatentos, nem conseguimos perceber se já estamos satisfeitos, passando assim a comer por razões que nada têm a ver com o cuidado de nosso corpo precioso. No alimento, buscamos bem-estar e felicidade. Sim, ele sem dúvida deve nos deixar felizes, mas de um modo que nos aproxime mais da natureza, o que não conseguimos engolindo-o com sofreguidão e voracidade.

Mente e corpo conectados

Pense nas coisas incríveis que seu corpo faz dia após dia: você anda, conversa, ouve os amigos; você vê o mundo, em todos os seus gloriosos detalhes, por meio dos sentidos. E pense na maneira como o corpo se liga à mente: o coração batendo mais depressa à aproximação da pessoa amada, o calor de uma carícia, mesmo o fluxo dos hormônios quando seu corpo lhe agradece por esse estímulo prazeroso. Pense também em quanto o estresse afeta o corpo, em como seu estado de espírito determina seu humor. Como seu corpo se comporta quando se encontra em estado de descontração e calma, quais são os sinais de contentamento que ele emite? Se você conseguir cultivar todos os seus sentidos, conseguirá também apreciar, verdadeiramente, a beleza do mundo e das pessoas à sua volta, sentir o aroma de um dia tépido de chuva, ouvir com atenção real e saborear cada xícara de chá.

Do começo ao fim da Pad Yatra, tive de enfrentar vários tipos de problemas. Orgulho-me em dizer que, depois de enfrentar durante algumas semanas esses desafios, consegui superar todos eles. Primeiro, no dia em que iniciamos a jornada, eu estava com enjoos de estômago, que me atormentaram muito na véspera. Isso me incomodou o tempo todo; andando, eu não podia sequer olhar em volta. Se o fizesse, sentia vertigens e sempre tinha de manter um olho na estrada. Se eu insistisse em apreciar a paisagem, cambalearia como um pintinho ao sair do ovo.

Não bastasse isso, praticávamos nossos exercícios ao ar livre a uma temperatura de 15 graus abaixo de zero. Não só eu, mas todos os meus amigos se queixavam de não sentir seus próprios dedos e nariz. Não tinham forças nem mesmo para estirar os lábios e cantar, pois o frio era intenso demais. Eu também estava enregelado, mas fomos em frente, dia e noite. Graças a Rigzin e Lotus, nosso sofrimento foi bastante amenizado. Sempre que começávamos a tremer, lá vinham elas, como por milagre, trazendo-nos chá quente em grandes xícaras que davam gosto de ver. Todos sorriam, apesar do frio. Na maioria das vezes, bebemos chá sem prestar muita atenção a ele; mas, naqueles dias gelados, numa altitude de 5 mil metros e a uma temperatura de 15 graus abaixo de zero, saboreávamos com prazer cada gota do líquido quente. Não sei como agradecer a Lotus e Rigzin por esse gesto solidário no momento certo. Sentado aqui, em minha sala aconchegante, posso dizer com sinceridade que ficaria muitíssimo feliz em voltar lá.

Se você conseguir valorizar o corpo maravilhoso e belo que lhe foi dado, conseguirá valorizar também seu eu interior – sua bela mente e seu belo coração. Quando você dá início ao processo de cuidar de si mesmo, atravessa o dia com o máximo de energia possível. Quando se sente bem e à vontade em seu corpo, com muito maior probabilidade sentirá o mesmo em sua mente, em todo o seu ser. Tudo isso está conectado.

Caso você se mostre dedicado e respeitoso para com o seu corpo, cuidará dele sem se apegar demais à própria beleza ou força e sem se preocupar se é ou não forte ou belo o suficiente. Caso passe o dia admirando-se ao espelho, que tipo de felicidade obterá? Amanhã talvez já não pareça tão bonito e sua confiança ficará subitamente abalada, pois é o que acontece quando cuidamos apenas da superfície. Se valorizarmos nosso precioso corpo e nos ocuparmos dele de dentro para fora, ele se revelará na cintilação do nosso olhar, em nosso sorriso descontraído e afetuoso, em nosso toque de mãos.

Preste atenção ao cenário

"A natureza pinta para nós, todos os dias, quadros de infinita beleza. Ah, se tivéssemos olhos para admirá-los!" – John Ruskin

Todos nos originamos da natureza, fazemos parte da natureza, *somos* a natureza. Mesmo ao nos sentarmos para o chá, tiramos nutrição e reconforto de folhas que cresceram às vezes a milhares de quilômetros ou foram colhidas em nossa própria horta. A natureza nos diz de várias maneiras que nossa vida é preciosa, nos torna receptivos, aprimora nossos sentidos. Se em algum momento pensamos que tudo é horrível, uma breve caminhada em meio à natureza quase sempre basta para ampliar nossa percepção e para começarmos a ver a vida a uma luz diferente, mais clara.

A natureza não se inquieta com o passado nem se apressa para o futuro; o dia simplesmente se transforma em noite e depois de novo em dia, pois tudo está associado e caminha ao mesmo passo. Mesmo no ambiente urbano, reservar um tempo para olhar em volta e desfrutar a ida de um ponto a outro muitas vezes resulta na visão de coisas que nos surpreendem e nos deleitam.

Prestar atenção ao cenário da vida enquanto caminhamos significa valorizá-la. Quanto mais olhamos em volta, mais descobrimos o que nos inspira – aquilo de que realmente gostamos. A natureza também tem o dom de nos trazer de volta ao momento presente e ao nosso corpo, ajudando-nos, às vezes, a contemplar o mundo e, outras, a nos livrar de aborrecimentos para voltar à realidade.

Não raro, as pessoas me fazem perguntas bastante estranhas, do tipo: "Como você pode gostar de organizar ou encorajar seus amigos e alunos a empreender uma atividade *física* tão difícil?" Normalmente, apenas sorrio. Pessoas fazem mesmo muitas perguntas. Há séculos, não tínhamos nenhuma das máquinas modernas que tornam nossa vida tão cômoda; mas em que essa comodidade nos beneficiou? Fisicamente, parece que melhoramos muito. Quando vemos velhas fotografias de pessoas caminhando por estradas poeirentas ou fazendo trabalhos duros como lavar roupa com as próprias mãos, sentimos que temos muita sorte. No entanto, por dentro, nós melhoramos? Somos mais alvoroçados, nossa mente lembra criaturas selvagens que não param quietas, dificilmente conseguimos ficar tranquilos.

Graças à moderna tecnologia da comunicação, hoje gastamos tanto tempo no mundo virtual que é fácil perder o contato com a natureza. Eu mesmo às vezes fico diante do computador por horas e quase nunca realizo alguma coisa que valha a pena. Temos aí um sério desafio ao poder de atenção das pessoas. Não conseguimos, pura e simplesmente, ficar sentados quietos em nossa casa sem tirar o telefone do gancho ou enviar outro e-mail. Isso não acalma nem reconforta; nossa mente permanece, como nossos aparelhos, em alerta permanente, saltando de uma coisa para outra. Achamos difícil prestar atenção a uma coisa só, no aqui e agora, ao que estamos fazendo ou à pessoa com quem estamos no momento presente.

O termo "virtual" descreve perfeitamente o fenômeno que justifica o fato de o moderno mundo da tecnologia ser ilusório e não real. Alguns amigos meus chegam a plantar árvores virtuais ou a ter bichos de estimação virtuais, o que parece simpático, mas, a meu ver, pode ser perigoso e exige cuidado. Muitas pessoas têm "amigos" com quem nunca se encontraram. Em matéria de tecnologia, nós é que devemos con-

MANTENHA CONTATO COM A NATUREZA

Quando você chega ao escritório ou entra em casa, o que faz? Estabelece contato com as pessoas que lá estão, vai até o jardim para sentir a brisa da natureza, apreciar o colorido das flores, das árvores e do céu? Ou corre para o telefone ou o computador a fim de averiguar se chegaram e-mails ou mensagens? Se você mora na cidade, poderá perder facilmente as mudanças de estação; mas, se gastar algum tempo para olhar, perceberá tudo: as cores das folhas, o cheiro do ar após a chuva, a luz do sol banhando naturalmente seu rosto. Se conseguir desacelerar o passo para manter contato com a natureza, achará mais fácil se conectar também com seus semelhantes e se sentirá mais paciente, mais humilde. Entrará no escritório ou em casa pisando mais leve, com a energia da natureza, não com seus compromissos ou suas ansiedades. A natureza nos traz de volta ao presente e nos lembra de que, bem no fundo, a vida é boa.

trolar e não permitir que ela nos controle. Precisamos, sim, ficar atentos e cuidadosos.

A natureza fornece um método maravilhoso para encaixarmos corretamente a tecnologia em nossa vida. É por isso que organizo as Pad Yatras. Conforme já expliquei, *pad* quer dizer "a pé", e *yatra*, "jornada". Gosto muito dessa terminologia porque, a meu ver, ela tem um significado profundo e abrangente para o nosso equilíbrio. Uma das principais razões de empreender uma jornada é estreitar o contato com nossa própria natureza iluminada interior por meio da contemplação da imensidade da natureza exterior. Essa forma de meditar enquanto se caminha faz com que nossa mente irrequieta sossegue por algum tempo. Se um automóvel pode levar-nos rapidamente a um destino físico, nossos pés conseguem nos pôr mais perto de nossa morada espiritual. A caminhada nos ajuda a estabelecer um vínculo genuíno e profundo com a natureza, com a essência de nossa mãe Terra. Podemos admirar o cenário sem analisá-lo ou racionalizá-lo. Estar com a natureza – subir uma montanha, escutar o som de uma cachoeira, respirar o ar puro, sorrir para nós mesmos e nossos amigos – é, em minha opinião, uma parte importantíssima da vida.

No último fim de semana, convoquei todas as minhas monjas, centenas delas, para uma Pad Yatra até Gokarna, uma das montanhas mais altas do vale de Katmandu. Era um exercício de meditação para aproximar nosso ser físico do nosso ser interior e uma forma dinâmica de retiro. E, é claro, ao longo do caminho, fomos recolhendo todo tipo de lixo. Seria bom pensar que essas montanhas estivessem sempre limpas e protegidas; mas, infelizmente, nem todas as pessoas respeitam o ambiente natural, de modo que fomos encontrando embalagens plásticas de comida, garrafas de água e materiais não biodegradáveis. Fiquei chocado. A menos que nossa mente se modifique e aperfeiçoemos nosso eu interior e nossa compreensão, o meio ambiente nunca voltará a ser limpo. Penso que só com um grande esforço educativo aprenderemos a contribuir para um mundo melhor, mais verde e mais feliz.

Aproveitei a oportunidade para tentar convencer os aldeões a não usar copos, pratos e garrafas descartáveis. Acho mesmo que não mais me oferecerão comida ou bebida embalada no futuro, pois esses produtos são uma fonte de lixo. Fico satisfeito quando me oferecem chá tradicional, tsampa e alimentos locais. Tenho certeza de que as mudanças de dieta em alguns lugares por mim visitados estão causando doenças. O alimento local é nutritivo, saudável e não polui desnecessariamente o meio ambiente. Deveríamos todos fazer o possível para implantar essa mentalidade. Assim, uma de minhas principais missões durante a Pad Yatra era incentivar o povo local a valorizar sua própria cultura e sua própria beleza (inclusive a de sua comida).

De Phanjila a Hemis, coletamos 60 mil garrafas plásticas, 10 mil embalagens de gomas de mascar e cigarros, e 5 mil latas. Eu não podia acreditar em meus próprios olhos; se um lugar remoto como aquele estava cheio de lixo, quantas vezes mais imundície nós, habitantes das cidades, não acumulamos diariamente?

Todos os elementos da natureza e todas as criaturas vivas são nossos amigos e nossos colaboradores quando sabemos interagir com eles de maneira positiva, compreendendo-os e valorizando-os. O mesmo pode ser dito de nossa própria natureza. Se nós esquecemos a conexão com o nosso ser, perdemos contato com ele e, em presença de obstáculos, sentimo-nos desorientados. Como aqueles que gostam de jardinagem, criando beleza ao cuidar de plantas e flores, nós devemos zelar por nossa essência interior para irradiarmos beleza criativa em benefício de outros.

Minha mãe não goza de boa saúde desde que nasci, mas, com sua mente serena, nunca se queixa, está sempre sorrindo e cuidando dos semelhantes. Animais de estimação, árvores e crianças são seus companheiros favoritos. Todos a amam espontaneamente, mesmo as flores e as árvores. Noventa e nove por cento das plantas de que ela cuida crescem seguramente; até o galho que arranca de um tronco seco e replanta consegue vingar. Eu gostaria que todos nós tivéssemos esse amor verdadeiro e essa compreensão para viver a vida. As coisas seriam bem mais fáceis diante dos obstáculos inevitáveis. Podemos pôr isso em prática – todos nós.

Acredito sinceramente que a jardinagem é uma ótima atividade não apenas porque gosto de árvores e plantas, mas também porque, a meu ver, graças a ela, aprendemos a valorizar a natureza da Terra. Não que eu seja um exímio jardineiro como minha mãe, mas me sinto bastante realizado fazendo o que posso. Sei que minhas monjas também gostam dessa atividade; quando ajardinamos a área da estátua da montanha Druk Amitabha, pude notar que elas apreciaram muito a tarefa, por mais cansativa que fosse. Todos nós sofríamos com o calor, mas todos nós sorríamos. Fizemos o possível para não matar nenhum inseto enquanto trabalhávamos, e isso muito me agradou. Se executarmos essa tarefa descuidada e egoisticamente, tendo em mira apenas a beleza de nosso jardim, nós suprimiremos a vida de inúmeros seres. Criaremos algo superficialmente belo para o mundo, mas essas criaturas minúsculas acabarão vítimas de uma grande catástrofe; para elas, será um verdadeiro terremoto. Se, porém, praticarmos a jardinagem em harmonia com a natureza, ela se tornará ainda mais bela em todos os sentidos.

De sorte que, graças à ajuda da natureza, reforçamos os vínculos com nós mesmos e compreendemos enfim que todos estamos ligados uns aos outros. Na qualidade de seres humanos, vemos as consequências de nossas ações na natureza, do jardim que plantamos ao modo como vai hoje o mundo. Constatamos a que ponto o anseio por atender às nossas necessidades e aos nossos desejos futuros está esgotando os recursos naturais. Se não fizermos uma pausa para respirar e entender o que acontece à nossa volta, continuaremos agindo com indiferença. Se não respeitarmos a natureza, como respeitaremos a nós mesmos? Falo muito sobre ecologia porque percebo uma forte conexão entre o modo como tratamos a natureza e o modo como tratamos a nós mesmos. E porque, tão logo paramos para apreciar o cenário, começamos a cuidar de nossa vida e da vida de nossos semelhantes.

"*Olha bem dentro do teu coração.*
Segue a tua natureza." – Buda

Caminhando juntos

"Sejamos gratos às pessoas que nos tornam felizes; elas são os jardineiros mágicos que fazem nossas almas florirem." – Marcel Proust

Ao longo do caminho, encontramos muitas pessoas. Nossos pais quase sempre lá estão, no começo, para nos dar uma mãozinha; e é bom, enquanto andamos, conversar com nossos amigos e entes queridos, partilhar o que nos inspira e, de vez em quando, recorrer a eles para apoio e orientação. Cuidamos uns dos outros, assumimos eventualmente o papel de guia e, às vezes, precisamos de ajuda para encontrar nosso caminho.

Bons professores, orientadores e amigos, se você tiver a sorte de encontrá-los, devem ser convenientemente valorizados porque um bom amigo, cedo ou tarde, de um modo ou de outro, acabará ajudando-o a tomar o rumo certo. Direta ou indiretamente, ele o tornará uma pessoa melhor. Mesmo se você estiver agindo de maneira errada, ele o auxiliará a resolver problemas, banir ilusões e fortalecer sua autoconfiança. Então, a felicidade verdadeira brotará de dentro – de dentro de você. Eis o que se espera de um mestre ou amigo sincero.

Às vezes, quando converso com meus alunos sobre os pontos em que eles podem melhorar, o modo como vivem a vida ou tratam os outros, eles ficam impacientes e irritados, quando deveriam encarar esses comentários de maneira positiva. Como professor, eu sempre pensei que devia ser franco; mas, é claro, não pretendo me indispor com meus alunos, por isso, quando eles param de ouvir, eu paro de falar. Sei que é bem mais fácil ouvir amigos e professores nos elogiando o tempo todo, mesmo quando estamos no caminho errado. Costumo dizer a mim mesmo que as pessoas sempre dispostas a me corrigir são as que, de fato, se preocupam comigo, devendo eu, portanto, valorizá-las ao máximo. Já as excessivamente obsequiosas, prontas a concordar com tudo o que dizemos, quase nunca estão realmente interessadas em nós. É muito humano gostar de ouvir apenas quem nos diz coisas agradáveis, mas isso nem sempre nos ajuda a crescer.

A amizade é tão importante que fico triste toda vez em que vejo amigos se desentendendo por ninharias. A boa companhia aumenta a compaixão, a ternura, a sabedoria e a paz de espírito, fazendo diminuir o desejo, a inveja, o ódio e o orgulho. Mesmo sendo uma pessoa comum, um amigo pode atuar como professor e guia, pode ser alguém que estimule em nós mudanças positivas. Se você descobrir que um conhecido seu é um guia, valorize-o devidamente e trate-o melhor que a si próprio, pois um amigo positivo desempenha o mesmo papel de um mestre ou de um Buda. Valorize-o do fundo do coração.

Tome muito cuidado ao escolher amigos. Certas pessoas exercem influência positiva, outras não. Porém a influência dos amigos é sempre decisiva. Para mim, esse é o ponto crucial de todos os relacionamentos. Nossa intuição, quando nos encontramos com alguém, é muito forte, não importa que a pessoa seja completamente estranha ou conhecida há anos. Podemos, literalmente, sentir sua energia. É uma energia alegre ou triste? Calma ou agitada? Queremos dar a essa pessoa nosso afeto ou receber, contentes, o dela – ou sentimos a necessidade de manter certa distância mental entre nós? Não desdenhe essa intuição: o corpo às vezes percebe melhor que a mente atarefada.

Nossos "mestres" na vida é que, muitas vezes, abrem espaço para criarmos momentos de compreensão, quando as nuvens se dispersam e revelam desvelo absoluto, ternura e sabedoria. Isso pode acontecer quando procuram nos reconfortar pela palavra ou pelo toque. Ou então quando você permite que essas pessoas muito especiais retirem uma a uma as camadas de seu ego, com gentileza e afeto, pelo sorriso ou por uma visão que vá além dos rótulos, fazendo-as aceitar você como é sem impor condições. Podemos encontrar um amigo ou mentor particularmente inspirado, que nos ajude a lutar e a escolher a missão que nos convenha. Saber inspirar é um grande dom, pois, uma vez inspirados, nunca deixamos de transmitir esse sentimento aos outros.

Pessoas positivas costumam estar mais próximas da "natureza" do mundo, a qual respeitam profundamente. Respeitam também seus familiares, os animais, as árvores e as plantas – portanto, respeitam seus amigos. Quem não respeita a natureza dos outros quase nunca se respeita. Pode até parecer que respeita a si mesmo, mas essa é uma aparência fácil, que se estilhaça com facilidade. Entretanto, se você conhecer alguém que cultiva o sentimento de compreensão, respeite-o, porque então se aproximará também da verdadeira natureza. Essas são as pessoas em quem sabemos que vamos encontrar abrigo, as pessoas que nos ajudam a acalmar nossa mente inquieta. Elas encarnam o espírito de encorajamento e por isso devem ser valorizadas.

> *"Se o viajante encontrar*
> *um companheiro virtuoso e sábio,*
> *acompanhe-o com alegria*
> *e superará os perigos do caminho..."*
> – Buda

Meu querido pai é um mestre para aqueles que lhe pedem orientação no caminho espiritual da vida. Considero uma grande dádiva ter sido seu único filho. Nunca me senti solitário, apesar das muitas dificuldades que enfrentei na juventude, e hoje sei que foi ele quem me deu forças para vencer os períodos difíceis. Não creio que haja um pai tão bom quanto ele foi e é para mim. Quando eu era criança, ele sempre me trazia brinquedos que montava com velhas peças de relógios, rádios, gravadores, etc. Nunca gostei de brinquedos de loja. Depois que cresci um pouco, ele revelou ilimitada energia e paciência, passando horas comigo em jogos de futebol, *frisbee* e coisas assim. Empurrava-me por uma colina íngreme num velocípede desconjuntado para que eu deslizasse encosta abaixo – o dia inteiro. Não se cansava de me entreter nem quando chovia, mas subia comigo e com o velocípede nos braços, imitando o som de um jipe forcejando por galgar uma estrada íngreme e lamacenta.

Sempre gostei de cavalos e, quando eu já tinha mais idade, ele capturava alguns na montanha, selvagens, e me deixava acariciá-los; às vezes, punha-me na garupa, quando o animal não era muito grande e bravio. Ele me deu muita coisa. É uma honra ter um pai tão amoroso e tão bom.

Sinto-me honrado também por ele ser um santo: foi reconhecido como a reencarnação de Vairotsana quando tinha 8 anos de idade. Acho que sua infância foi muito difícil, pois viveu longe da família desde então. Ele nunca fala sobre isso, mas felizmente, graças ao apoio moral de minha mãe e ao amor sincero que sentem um pelo outro, a vida dos dois tem sido plena de alegria e paz. Sempre agradeço à minha mãe, do fundo do coração, por ser tão afetuosa e compreensiva em benefício da família, e por meu pai saber reconhecer e valorizar essa atitude. Ambos formam um par maravilhoso.

> *"Um dia, Ananda, depois de um longo tempo de reflexão, voltou-se para o Buda e exclamou: 'Mestre, estive pensando... A amizade espiritual representa, pelo menos, metade da vida do espírito!'*
>
> *O Buda replicou: 'Não diga isso, Ananda, não diga isso. A amizade espiritual consiste em toda a vida do espírito!'."* – Kindred Sayings

Uma boa comunidade também manterá você em excelente companhia ao longo da jornada. Converse com as pessoas; afinal, se ninguém mais souber para onde você está indo, seu próprio interesse começará a diminuir. A motivação é como um tambor que alguém não para de tocar; é o ritmo do mundo. Se você só caminhar em silêncio, a certa altura concluirá que não há motivo para prosseguir. Portanto, aproxime-se das pessoas para bater papo de vez em quando, cada qual fazendo a outra rir e todas se animando a ir em frente. É provável que estejamos caminhando juntos por algum tempo, enquanto você lê este livro. Espero canalizar suas energias na direção certa!

O mestre interior

O maior mestre é aquele que está dentro de nós. Assim como as pessoas que lhe podem oferecer orientação genuína na vida, seu guru interior aí está também para ajudá-lo a encontrar o caminho. Você pode chamá-lo de intuição, alma, coração ou bússola interior. Quando o peso das expectativas cai sobre os nossos ombros, não é nada fácil ouvir o mestre interior e saber se o que estamos ouvindo vem realmente do nosso coração ou é fruto de emoções violentas, apegos que controlam nossas ideias e nossos sentimentos.

Quando você começa a reconhecer as pessoas que de fato o influenciam positivamente, começa também a conhecer-se e a confiar de novo em si mesmo. Sua autoconfiança natural florescerá e você descobrirá que tudo se torna mais fácil, mesmo nos períodos de grandes desafios – por exemplo, quando se atormenta por ter tomado a decisão "errada" ou cometido erros. Então, perceberá que está mais flexível e pronto a recomeçar, a sacudir a poeira e a ir em frente sem necessidade de se criticar ou recriminar. Quando o ego, que estudaremos no capítulo "Pise de Leve", toma todas as decisões, a possibilidade de descontrole é bem maior porque o ego pode ser facilmente ferido e acuado. Uma palavra de censura, e o ego entra em desespero ante o horror de não ser perfeito ou se torna agressivo e receoso: "Quem é *você* para *me* recriminar?" Já na companhia do seu "guru" interior, muito mais maleável, você consegue realmente dar ouvidos às críticas e, se elas forem justas, aprender uma lição; caso sejam produto da ignorância, deve polidamente ignorá-las!

Afaste-se dos amigos negativos

Infelizmente, há neste mundo pessoas que não nos convêm, que involuntariamente nos corrompem por meio da ira, do ódio, da inveja, da cobiça ou da discórdia. Digo "involuntariamente" porque os sentimentos que elas despertam são meras projeções de nossos próprios aspectos negativos; portanto, mesmo as pessoas negativas se tornam nossos mestres quando nossa percepção se aguça.

> "*O falso amigo é mais temível que um animal selvagem;*
> *este pode ferir nosso corpo, mas um mau amigo*
> *ferirá nossa mente.*" – Buda

É importante saber reconhecer e enfrentar os sentimentos negativos. "Esse indivíduo está me encolerizando, provocando em mim a cobiça, tornando-me ignorante. Talvez o melhor seja eu me afastar dele silenciosamente, sem dizer palavra alguma." Se você for capaz de se livrar dessa pessoa, pense também: "Preciso desenvolver minha própria força para combater meus aspectos negativos; de outro modo, encontrarei outros indivíduos iguais a ele. Más companhias não faltam."

Às vezes, é difícil ficar longe de pessoas negativas, ou porque, seja como for, apreciamos sua companhia ou porque precisamos conviver com elas no cotidiano, como é o caso dos colegas de trabalho. Quando essa gente tem olhar agressivo e aparência temível, nada é mais fácil do que evitá-la; mas, não raro, ela parece encantadora e atraente na superfície. Quantas vezes não ouvimos alguém dizer, após o fim de um relacionamento, que está condenado a sempre "ir atrás da pessoa errada"?

Pense na frequência com que você, ao longo da vida, foi influenciado negativamente. O que sentiu nessas ocasiões? Que era você mesmo ou uma versão negativa do seu eu? Talvez até tenha se punido de alguma maneira, permanecendo ao lado daquela pessoa – influências negativas provocam autopercepções negativas, e então, apanhados num ciclo negativo, passamos a desempenhar o papel que criamos ou nos foi imposto. Nossa autoestima e nossa autoconfiança naturais fraquejam ou ficam ocultas por inúmeras camadas, então começamos a acreditar que somos de fato maus ou fracos em algum ponto, embora, no fundo, saibamos que isso se deve a alguém que nos desencaminha. E, é claro, mesmo então nos censuramos por estar sendo influenciados, em vez de constatar e aceitar que certas pessoas, pura e simplesmente, não servem para nós.

> *"... Mas se não conseguires encontrar*
> *amigo ou mestre que vá contigo,*
> *viaje sozinho...*
> *Antes isso que ter um insensato*
> *por companhia."* – Buda

A boa notícia é que, muitas vezes, temos diversos amigos positivos que nos ajudarão a detectar o problema e a excluir nossos sentimentos negativos, fazendo-nos assim perceber que havíamos perdido de vista nosso verdadeiro eu. Desse modo, você adquirirá a capacidade de descobrir se sua ternura e compaixão diminuem ao contato daquela pessoa. Se a sabedoria e a compaixão arrefecerem por causa desse relacionamento, alguma coisa está errada. Se a ira, a cobiça, o orgulho e a inveja aumentarem, alguma coisa não está certa. Esses são os dois métodos para determinar se a pessoa com quem você está é negativa ou não.

Superficialmente, muitos relacionamentos parecem perfeitos ("Ah, pode crer, ele é uma ótima pessoa!"). Essa pessoa talvez seja útil em algum ponto, mas convém perguntar: "Sua amizade me dá apoio para que eu fique mais sábio, aprofunde minha compreensão, compaixão e ternura?" Ou ocorre o contrário? Será que o relacionamento não funciona de maneira negativa, alimentando a cólera e a ignorância? Muitas vezes, é de maneira sutil que a energia de um convívio nos empobrece espiritualmente. A pergunta pode ser difícil de fazer, mas sua importância não se discute.

Nunca devemos forçar pessoas a ficar conosco. Costumo pensar que todo vínculo é como um casamento: se dura, ótimo; se não dura, ao menos houve uma conexão. O que me entristece é quando alguém nos deixa levando consigo um fardo de tristeza, saudade ou raiva. Sempre achei que a aceitação e o júbilo são sentimentos difíceis para muitos de nós.

Porém nosso próprio eu interior pode às vezes se tornar um companheiro negativo ao longo do caminho. É fácil sermos enganados por esse inimigo insidioso que mora lá dentro. Quando a mente se deixa influenciar por ele, então a cólera, a cobiça, a inveja, o orgulho, enfim, todas as manifestações do nosso egoísmo crescem rapidamente. Quase todos nós somos forçados a conviver, em maior ou menor medida, com esse companheiro; é, pois, necessário prestar muita atenção e fabricar contra ele um antídoto a partir de um exame lúcido. Os aspectos negativos de nossa mente é que nos abalam, causando-nos sofrimentos desnecessários. No entanto, se olharmos à nossa volta para tudo quanto, na vida, merece ser valorizado, para aquelas coisas que refletem nossa sabedoria crescente e não nossa negatividade, nós deixaremos para trás os companheiros indesejáveis de dentro e de fora.

"Não ande em má companhia
nem conviva com pessoas indiferentes.
Procure amigos que amem a verdade." – Buda

Um passo leva a outro

Não te prendas ao passado.
Não te percas no futuro.
O passado já não existe
E o futuro ainda não veio.
Contemplando profundamente a vida tal qual é,
No aqui e agora,
O praticante adquire firmeza e liberdade.
Sejamos diligentes no dia de hoje.
Esperar até amanhã é perder tempo,
Pois a morte vem de súbito.
Como contemporizar com isso?
– Sermão budista

Enquanto você aí está lendo este livro, o mundo que o cerca vai mudando, minuto a minuto. As folhas, nas árvores, brotam ou murcham antes de cair, a luz fenece – tanto quanto seus pensamentos. Desde o instante em que nascemos, fomos envelhecendo a cada segundo. Como qualquer outro, não quero ficar velho, mas não tenho escolha: nada é permanente, tudo muda e nós mudamos também. Talvez nos tenham impingido o rótulo de "tímidos", por exemplo, mas não há razão para que continuemos a sê-lo indefinidamente. Você não é a mesma pessoa que foi ontem ou quando era bebê, mas, de algum modo, também não é outra. Você é você, alguém que continuamente cresce, evolui e muda de momento a momento, sobretudo se *permite a si mesmo* mudar, evoluir e crescer.

É um alívio nos libertarmos das restrições e preocupações do tempo. Creio que esse é um grave problema para as pessoas que não param nunca, achando que não há horas suficientes no dia. Perdemos tanto tempo lamentando o que fizemos ou deixamos de fazer em nossa vida que nos esquecemos de viver a experiência do momento; ficamos irrequietos, ansiosos para realizar alguma coisa, constantemente correndo ao próximo destino sem apreciar o lugar onde estamos agora.

Esquecer as preocupações com o tempo parece leviandade. Pois não precisamos olhar para o futuro para estarmos preparados? A mensagem que quero passar, no entanto, é que precisamos esquecer todas as *ninharias* com as quais preenchemos nosso tempo. Quando estamos apressados demais para tomar o café da manhã ou almoçar, será que usamos nosso tempo de maneira sábia? Você fica descontraído e atento ao que faz ou vive se preocupando com o que aconteceu ontem ou pode acontecer amanhã?

Libertar-se dos grilhões do tempo colocará você de novo em ação, a verdadeira, a genuína ação. Não se trata de "ficar de papo para o ar" e não fazer nada. Você não renunciará à vida, apenas eliminará dela o que não tem valor. É livre para buscar aquilo que o inspira, aquilo em que realmente quer transformar sua vida. Irá se sentir motivado a trabalhar mais e a ser mais criativo. A experiência passada é apenas uma experiência; já o presente é muito importante porque representa a fonte do futuro; assim, para tornar o dia de amanhã proveitoso, temos de nos ater ao dia de hoje. Do hoje deve nascer um amanhã melhor.

> *"Se eu souber que vou morrer amanhã, ainda terei tempo para aprender alguma coisa esta noite."* – Provérbio tibetano

Se você analisar a transitoriedade a partir de um ângulo positivo, verá que nada é impossível neste mundo. Tudo se modifica de instante a instante, nada nem ninguém possui identidade fixa, nada nem ninguém permanece sempre a mesma coisa. A transitoriedade torna a vida bem mais atraente e instigante. E isso quer dizer que cabe só a nós decidir se queremos ou não uma vida nova, uma vida útil. Somos nossos próprios patrões no comando absoluto de nossos destinos. Tudo pode acontecer.

Então, a riqueza da vida se manifesta. Você pode, sim, eliminar a desordem e escrever um novo capítulo, em que a verdadeira criatividade apareça.

> *"Ver um mundo num grão de areia*
> *e um céu numa flor selvagem,*
> *Capturar o infinito na palma da mão*
> *e a eternidade numa hora."*
> – William Blake, "Augúrios de Inocência"

Aceite a mudança

Reconhecer que *tudo é passageiro* ajudará você a aprofundar a compreensão de sua própria vida e da interdependência de todas as coisas, todos os seres. Os seres humanos quase sempre temem a mudança, mas não têm escolha; não podem deter o fluxo do rio – e isso, a meu ver, não é ruim.

Quando você constata que tudo se transforma, fica mais tranquilo e se ajusta melhor ao ritmo do mundo. Desfruta o convívio dos amigos e da família sem esperar que permaneçam eternamente os mesmos, enquadrando-se em sua perspectiva ou acomodando-se a seus desejos. Você se sentirá mais livre e atento às mudanças, sem, contudo, julgá-las; elas ocorrem como devem ocorrer. As emoções negativas começam a diluir-se quando passamos a apreciar cada momento em vez de nos ocuparmos com o que está morto e enterrado. Perguntamo-nos então se fatalmente teremos de novo esses acessos de cólera, uma vez que nada é definitivo, nada é permanente. Isso nos dá um pouco de tempo, um pouco de espaço para consolidarmos nosso controle. Talvez você não consiga se impedir de ficar irritado num primeiro momento, mas poderá disciplinar suas ações, suas palavras. Evitará as expressões ofensivas.

Nada é deprimente ou excitante; tudo é o que é. Portanto, você deve aceitar que, se hoje está se sentindo bem, amanhã talvez tenha de enfrentar um desafio. Conformar-se com os altos *e* baixos retira um peso enorme de nossos ombros. Aprendemos com as experiências, alegres ou tristes, aceitando-as e valorizando-as devidamente.

Abandone os maus hábitos

Algumas pessoas julgam que seus hábitos lhes dão segurança, mantêm o *status quo* e deixam as coisas como estão. Porém muitas vezes nos tornamos escravos de nossos hábitos, tanto quanto dos rótulos que nos impomos ou permitimos que os outros nos imponham. Não confiamos em nossa vontade ou mesmo em nosso desejo de mudar – e escolhemos a opção mais fácil, que é continuar como estamos. No entanto, obviamente, em longo prazo a opção mais fácil não é persistir em hábitos que nos limitam ou nos trazem dor e sofrimento.

Por exemplo, às vezes costumamos comer para compensar um dia difícil ou beber para "esquecer". E às vezes somos nervosos ou nos mostramos sempre o convidado mais alegre da festa. Nosso ego absorve esses hábitos, que nos mantêm sob seu comando, acreditando que somos uma pessoa especial que faz coisas especiais, quando na verdade podemos ser qualquer coisa a qualquer tempo.

Entender que a mudança é uma parte absolutamente natural da vida nos motiva a promover, também em nós, mudanças. Embora julguemos que os hábitos tornem as coisas familiares e fáceis, eles na verdade nos abalam em vez de nos manter em equilíbrio e no caminho do meio. Assim, as pessoas que comem e bebem para esquecer as frustrações geralmente bebem e comem em excesso, acabando por se sentir mal com isso, cheias de culpa e arrependimento. Da mesma forma, as que cultivam hábitos "saudáveis" demais podem se encerrar em seu pequeno mundo para não ter de olhar em volta e tentar coisas novas. Já as bem equilibradas tendem a se apegar ao "nada em excesso", que é uma boa metáfora para a vida.

Tudo muda de instante a instante; então, por que gastar tanto tempo e energia preocupando-nos com o que foi ou com o que será? Por que insistir em controlar o tempo, as pessoas com quem convivemos ou mesmo nossa própria vida? É impossível! Essa teoria é muito importante tanto para meditar quanto para viver o cotidiano de maneira dinâmica, serena e feliz. É bom não levar as coisas muito a sério.

Aprofundar essa pequena porção de conhecimento nos ajudará muito a prosseguir em nossa jornada. Uma mudança mínima em nossa mente pode fazer uma enorme diferença em nossa vida. Estamos sempre percorrendo a linha divisória entre as lições do passado e as incertezas do futuro. Cada momento se prende ao anterior e ao seguinte, num fluxo contínuo. Viver no presente pode parecer, a princípio, egoísta e superficial; mas, depois que nos comprometemos a agir sempre no interesse dos outros, então romper as amarras do tempo é uma verdadeira libertação e significa que podemos fazer muito mais.

Procure ver o quadro todo

Graças a essa perspectiva maleável e aberta, descobriremos também que, em qualquer situação, podemos ver o quadro todo e não apenas a parte captada por "nosso" ponto de vista. A medicina oriental baseia-se muito nesse princípio. Os profissionais não se atêm a um sintoma e tratam unicamente a área afetada. Ao contrário, analisam o sintoma em relação ao corpo inteiro do paciente e, também, ao seu estado mental, procurando descobrir a conexão entre a doença e o todo para chegar à verdadeira causa.

Cientes da transitoriedade e da inter-relação de todas as coisas, muitas vezes, nós constatamos que situações que anteriormente desencadeavam acessos incontidos de cólera podem ser enfrentadas com níveis cada vez mais elevados de paciência, partindo do desejo de nos conectar e inspirar mudança ou da certeza de que amanhã as coisas serão diferentes. Há o receio de que a paciência possa ser uma forma de covardia, preguiça ou indiferença: "Jamais conseguirei mudar esta situação, portanto não vou me envolver." Ainda aqui, a ação é o segredo; mas agir, em qualquer circunstância, com plena lucidez e não cólera ou violência tem muito mais probabilidade de dar bons resultados e, em longo prazo, constrói um karma bem melhor. Se você olhar uma pessoa ou uma coisa com raiva, a realidade permanecerá sempre oculta por suas próprias emoções.

É importante aprender a encarar cada movimento, cada mudança, cada ideia e cada aparência como verdadeiras lições de vida. Talvez seja útil, penso eu, escolher alguns dos conceitos que estamos explorando aqui e procurar descobrir de que modo eles se concretizam em nosso cotidiano. Se conseguirmos chegar a isso, então estaremos realmente iniciando nossa jornada. Agora é o momento de você fazer uma pausa para, reorganizando sua motivação, reorganizar sua vida – pois, enquanto

MEDITAÇÃO AO NASCER E AO PÔR DO SOL

A natureza nos ministra inúmeros ensinamentos, e o da transitoriedade é um dos maiores. O dia se transformando em noite, a mudança do tempo, a brisa, o som de uma cachoeira, as ondas do oceano, o nascer e o pôr do sol: tudo isso nos dá uma rica lição sobre nossas próprias emoções instáveis e sobre o caráter relativo da verdade. Quando você está na praia, por que não reserva alguns momentos para refletir sobre as ondas? Note como uma se transforma em outra, acompanhe a maré subir e descer, pense na imensidão do mar e em como cada gota está ligada às demais.

estivermos vivos, essa oportunidade não faltará. Não espere mais: amanhã será tarde!

A viagem que empreendi até minha boa amiga, a montanha Ling Chiu do venerável mestre Hsin Tao, foi das mais inspiradoras. Ling Chiu significa "Pico do Abutre". Ergue-se a pique diante do oceano, de modo que, dali, podemos ouvir o som dos ventos e das ondas quase o tempo todo. Se conseguirmos perceber bem esses sons e os silêncios intermediários, compreenderemos a natureza da vida e da transitoriedade – que lembra muito as ondas.

A compreensão do karma

Sempre agradeço ao meu karma quando uma coisa boa me acontece, como encontrar velhos amigos ou alunos e ver que estão saudáveis e felizes. O karma é muitas vezes confundido, no mundo moderno, com algo misterioso e relacionado ao destino; nós, budistas, porém, não acreditamos em coincidências nem em sorte.

Tudo se resume em causa e efeito. Cada ação e mesmo cada pensamento tem um desfecho, uma consequência. Em nossa vida apressada e irrequieta, esquecemos isso com facilidade e prestamos pouquíssima ou nenhuma atenção a muitas de nossas decisões e escolhas no curso do dia. Esquecemo-nos, em suma, de que todas elas importam, de que *tudo* importa. Ao contrário do conceito de destino, o de karma não é rígido: qualquer um de nós pode mudar seu rumo.

Literalmente, "karma" significa "ação". Tudo o que fazemos é incluído no karma, quer seja um ato físico, mental ou verbal. Sem dúvida, praticamos muitas ações sem dar atenção ao karma, mas, à medida que nos aproximarmos mais da natureza, de nossa sabedoria, começaremos a perceber os bons e maus efeitos com maior clareza. A pessoa que está mais perto de sua sabedoria não será tão arrebatada pela ignorância, o que é frequentemente o caso no cotidiano. Rondamos por aí sem de fato ter consciência do que fazemos, andando na ignorância e falando na ignorância. Estamos sempre irrequietos por causa da ignorância, mesmo em sonhos!

O primeiro passo é atentar para o que estamos *fazendo*. Essa transformação em nossa consciência ajudará a substituirmos, em nossos atos, a ignorância pela sabedoria. Daremos mais ouvidos à nossa sabedoria natural e não apenas à nossa mente racional ou egoísta, permitindo que ela evolua e funcione à sua própria e maravilhosa maneira.

A mensagem é que todos nós estamos aqui para servir ao próximo, da maneira como pudermos. Nossa mente deve estar sempre alerta e pronta para agir em benefício de nossos semelhantes. Eu, pessoalmente, gosto de incentivar o plantio de árvores – e será preciso perguntar para que isso serve? Ignoro o motivo do meu profundo interesse pelo reflorestamento; talvez eu seja um amante da natureza, pura e simplesmente. Penso que, quando plantamos árvores, nós as ajudamos a crescer, a sobreviver, e com isso a vida também cresce. O crescimento em si é vida. Vemos nossos filhos crescerem dia a dia; o plantio de árvores segue um processo idêntico. É maravilhoso ver as coisas crescendo assim. Depois, as árvores fornecem oxigênio aos homens. Não havendo árvores, não há oxigênio suficiente: ocorrem deslizamentos de terra, a chuva diminui e as pessoas sofrem. Quem corta árvores não liga para as consequências; desde que haja lenha para sua lareira e tábuas para a construção de sua casa, pouco lhe importam os desastres que afetam a sociedade. Nós, seres humanos, às vezes somos muito estranhos, destruímos nossas próprias virtudes derrubando árvores, em vez de zelar por elas.

Quando compreendemos que tudo é importante, passamos a agir de maneira mais responsável, pensando nas consequências de nossos atos e no modo de beneficiar nossos semelhantes. E quando nos mostramos solidários, as boas coisas vão se seguindo umas às outras.

O karma não deve ser alvo de censuras

Com frequência, as pessoas sentem necessidade de atribuir a má sorte a um ser superior ou ao universo. Bem ao contrário, deveríamos compreender que ela se deve ao nosso próprio karma, à nossa negligência. Graças a essa compreensão, em vez de responsabilizar alguma coisa ou outra pessoa por nossos percalços e infortúnios, concluímos que é necessário trabalhar duro e atentar bem para nossos pensamentos e atos para garantir que esses problemas não se repitam no futuro.

Reconheço que o karma é um conceito de difícil aceitação, sobretudo quando constatamos que coisas ruins acontecem a pessoas muito boas. Entretanto, como tudo na vida, nosso karma não pertence só a nós, não está isolado dos demais. Ele é coletivo e interligado com todos os outros. Na filosofia budista, esse karma coletivo remonta mesmo a várias gerações, pois já estivemos aqui antes e estaremos de novo depois. De um ponto de vista menos espiritual, a ciência moderna sustenta que somos influenciados por gerações passadas ao herdar sua genética e seus traços, que por sua vez serão transmitidos às gerações futuras. Portanto, como se vê, todos nós temos o karma do mundo em nossas mãos. Eis a razão pela qual não devemos nos omitir ou nos julgar separados dos demais. Somos *todos* seres humanos. Sem dúvida, cada qual tem um histórico diferente, mas estamos ligados pelo mesmo karma. E uma vez que devemos enfrentá-lo, o melhor é nos ajudarmos e nos encorajarmos uns aos outros. Essa estrada espiritual que estamos percorrendo é cheia de lombadas e buracos; devemos, pois, nos dar as mãos com afeto, sinceridade e compreensão. Nada é impossível quando caminhamos juntos.

Face à brevidade da vida, nós, infelizmente, costumamos praticar vários tipos de ações que criam um mau karma. Para ter uma casa melhor, mais dinheiro e mais prazer, não raro agimos de maneira egoísta, tirando os outros do caminho na corrida para sermos os melhores, para garantir nossa própria felicidade. Todos nós buscamos a felicidade, mas, colocando a nossa na frente da dos outros, acumulamos um imenso volume de mau karma para o mundo.

Se compreendermos a fundo a regra do karma, poderemos parar para pensar antes de agir egoisticamente, tendo em mira apenas o nosso bem. Devemos pôr nossa curta vida em primeiro lugar, acumulando todo esse mau karma? Ou devemos pensar no próximo e nas vidas futuras, fazendo o melhor para gerar o mínimo de mau karma possível? Podemos estar aqui apenas por um breve piscar de olhos, mas a maneira como conduzimos nossa vida permanecerá ligada ao universo para sempre.

Quando nos tornamos capazes de fazer uma pausa para refletir um pouco mais sobre nossos atos, nossas palavras e nossos pensamentos, nós passamos a ver com maior clareza o processo de causa e efeito. Compreendemos então que, alterando a causa, se isso estiver ao nosso alcance, podemos alterar o efeito. Você já deve ter notado, por exemplo, que quando esquece o ciúme tem menor probabilidade de dirigir palavras ofensivas à criatura amada ou de sofrer. E que, da mesma forma, mostrando intensa alegria pelo bem-estar ou pela felicidade de outra pessoa, você próprio se sente bem e feliz. Por isso falamos tanto de amor, compaixão e ternura para com os outros. Depois que se tornar plenamente consciente de que está agindo dessa forma, sua ternura, sua compaixão e seu amor darão a seus atos e suas palavras mais colorido e um karma bem melhor.

Pise de leve

"Não carregues contigo teus equívocos.
Não carregues contigo tuas preocupações."
– Buda

Eis uma história antiga sobre um mestre zen e seu jovem discípulo que quero lhe contar:

> *O mestre e o jovem monge estavam para cruzar um rio a pé quando deram com uma moça na margem, que também queria fazer a mesma coisa, mas era pequena e frágil demais para se arriscar. Assim, o bondoso ancião levou-a às costas até o outro lado. Isso intrigou bastante o rapaz, pois esse concluiu que seu companheiro infringira o vinaya, o "código" dos mestres. Ele permaneceu em silêncio por alguns dias, mas ia ficando cada vez mais irritado com o velho à medida que o tempo passava. Por fim, não se contendo, disse-lhe que estava com muita raiva. O mestre riu com gosto e explicou ao discípulo: "Deixei a mulher no instante em que concluí a travessia do rio, mas você a tem carregado até agora."*

O que essa história me ensina é que devemos saber o momento de abandonar os nossos fardos. Você percorrerá o caminho com mais facilidade se sua carga for aliviada. Talvez precise ter comida e abrigo, mas o que mais é realmente necessário ao fim do dia? Somos sobrecarregados na vida também por laços invisíveis, porém muito fortes. O peso das lembranças às vezes nos imobiliza e, igualmente, podemos permanecer apegados às nossas expectativas para o futuro. Queremos, desesperadamente, que tudo se conforme aos nossos desejos, à nossa visão de mundo, mas nunca sabemos o que nos espera na próxima esquina – por que, então, tentar sempre predizer o futuro? Frequentemente, somos contidos pela autoconsciência, receando tentar coisas novas para não cometer enganos. Ou temos uma ideia tão arraigada do nosso destino que chegar a qualquer outro lugar só nos causa desapontamento e sensação de fracasso.

É muito humano nos preocuparmos com certas coisas na vida, especialmente pessoas, lugares e realizações. Não devemos pensar que apego é sinônimo de ternura e dedicação, como as que temos por nossos filhos ou familiares. Cuidar de nossos parentes, negócios e vizinhos não pode ser considerado apego.

O importante é reconhecer, desde logo, quando esses vínculos nos encorajam e nos fazem crescer, quando nos enchem de ânimo e inspiração – ou nos deixam paralisados, temerosos, inquietos ou mesmo fartos da vida. O apego consiste em rotular alguém ou alguma coisa e depois acreditar firmemente nesse rótulo. Tão logo procuramos aplicar um rótulo a alguém ou alguma coisa, encerrando-os numa caixa, criamos a possibilidade de dor e decepção caso eles nos escapem, caso a pessoa mude ou não possamos mais comprar a casa desejada. Se permitimos que uma pessoa se torne "nossa", com a maior facilidade, sentimos ciúme ou cólera caso ela não se enquadre na imagem que lhe havíamos atribuído. No entanto podemos também rotular a nós mesmos, usando lembranças como pretexto para não fazer certas coisas ou agir de determinada maneira, usando desejos para buscar a felicidade nos lugares errados. Se conseguirmos nos livrar dos apegos, poderemos andar a passo bem mais leve e ser pessoas bem mais fáceis. Iremos, então, aonde nosso coração nos levar.

Livre-se dos apegos

Eis-me de volta a Hemis, o mosteiro sagrado onde passei muito tempo, desde a idade de 7 ou 8 anos, em treinamentos e retiros espirituais. É em Ladakh que me sinto mais em casa. Toda vez que visito o local, fico feliz ao chegar e triste ao partir. Não posso evitar isso, apesar de saber que é uma forma de apego e que apegos não são aconselháveis neste mundo. Inúmeros gurus e dakinis santos abençoaram este belo lugar, aqui deixando pegadas, impressões de mãos, stupas, palácios, estátuas e todos os tipos de marcas sagradas espontâneas para que tivéssemos a oportunidade de nos reaproximar de nossa natureza originalmente pura.

Todos nós precisamos de diferentes tipos de inspiração e incentivo, sobretudo lugares, monumentos e pessoas capazes de nos encorajar a fazer coisas boas e ser gentis. O fato de Ladakh estar aqui para nos proporcionar tudo isso me deixa extremamente satisfeito. Gostaria que muita gente visitasse o local e se apaixonasse por ele. É melhor se apaixonar por uma coisa boa do que por uma coisa ruim, certo?

Como se pode deduzir do meu próprio carinho pelos recantos e habitantes de Ladakh, constato que é próprio da natureza dos seres humanos tecer vínculos, especialmente quando estamos inspirados ou motivados por alguma coisa, algum lugar ou alguma pessoa. Porém avaliar o grau e a natureza de nossos apegos a bens materiais, lugares, emoções, expectativas, pessoas, experiências passadas ou mesmo nosso próprio ego e nossa autoimagem é um passo muito proveitoso ao longo da jornada.

A compreensão sobrevém quando começamos a indagar se nossos apegos são positivos por sua natureza descontraída, alegre, ou se provocam em nosso íntimo as emoções ainda mais perturbadoras da ambição. Afinal, há tanta coisa desejável no mundo que podemos sucumbir com facilidade à riqueza e aos "bens". Sua vida pode se transformar numa espécie de redemoinho caso você esteja sempre à procura de mais. Portanto, é necessário que aprenda a cultivar o verdadeiro senso de paciência.

Nunca terá uma mente serena se os seus apegos forem fortes, arraigados. Ao contrário, só alimentará sentimentos como inveja e frustração. Por exemplo, poderá ficar transtornado caso alguém possua mais propriedades ou uma reputação melhor que você. Começará a fazer comparações, a ficar ansioso e preocupado, incapaz de refletir com clareza, perdendo tempo na tentativa de competir com os outros ou duvidando de que seja suficientemente bom – em vez de atentar para suas próprias ações e sua própria vida.

Entretanto, se você praticar o desapego no íntimo, conseguirá adquirir posses ou se desfazer delas, ficará menos preso às suas ideias e entenderá isto: não importa que tipo de pessoa seja na superfície, não importa a vida que leva, só importa realmente o que está lá dentro. Não precisa se desfazer do que tem e ir para o Himalaia com o objetivo de meditar numa caverna e atingir a felicidade ou a iluminação: pode relaxar aqui mesmo, em meio às riquezas que constituem a sua vida.

"Só perdes aquilo a que
te apegas." – Buda

O apego é literalmente uma barreira entre você e o que está tentando obter; uma cadeia que limita ao mesmo tempo seus pensamentos e suas ações, impedindo-o de estirar a mão e exercer seu pleno potencial. Já notou que as pessoas ricas às vezes caminham de maneira diferente? Têm esse andar por causa do orgulho; não são flexíveis e tudo nelas é empertigado. Quando somos ricos, a tolerância representa um desafio ainda maior porque não conseguimos nos dobrar, embora seja exatamente esse o momento certo de nos mostrarmos tolerantes. Corremos o risco de nos casar literalmente com o dinheiro – não com uma esposa, não com um marido. Não há aí riqueza humana, apenas moedas. Entretanto, aprofundando o conhecimento e a compreensão, podemos nos mostrar tolerantes e flexíveis, sem nenhuma mostra de esnobismo, por mais prósperos que sejamos.

Da mesma forma, assim como não há nada de errado com a riqueza, não há nada de errado com a boa reputação em certas atividades, embora você precise exercer a paciência para não se deixar levar por isso e não permitir que o orgulho o torne insuportável. O orgulho o arrastará para longe do lugar a que pertence e o sujeitará a novos sofrimentos. O ego inflado de fama ou reputação pode induzi-lo a pensar que não precisa de mais nada: "Já tenho tudo, agora que o mundo inteiro me conhece." Porém a verdade é que você precisa do apoio de sua família tanto quanto qualquer outro; do apoio do toque humano, dos cuidados humanos. Aquilo de que carecia antes de ficar famoso será sempre uma necessidade para você. Eis uma lição importante para mantermos o equilíbrio na vida.

Ao fim do dia, não há nada que você possa levar consigo. Bens, reputação, relacionamentos e o próprio corpo ficarão inapelavelmente para trás. Você só tem um estômago para encher. Não importa por quanto tempo bons amigos e parentes vivam juntos, chega uma hora em que precisam se separar. O que quer que você edifique – empresas ou prédios – cairá em ruínas em algum ponto do futuro. Isso não significa que não deva se preocupar com tais coisas, apenas que não convém se apegar demais a elas.

Não estou sendo pessimista; essa é a realidade que nos cerca. Quando a aceitamos, vemos que não há razão para nos irritarmos uns com os outros, embora existam de fato provocadores que nos causam emoções aflitivas como a cólera. No entanto, quando você se reserva um tempo para refletir a respeito, descobre que não há grandes motivos para ficar colérico ou irritado por causa de tantas coisas miúdas, pois no fim do dia será simplesmente deixado a sós. Nada mais restará.

Quando descobre isso, o melhor é estar no nível de todos para que, mesmo se ficar rico, possa se inclinar e varrer o chão, brincar com seus netos e prestar serviços aos outros. Sei que é difícil renunciar a tudo aquilo que nos dá prazer, aos nossos objetos de desejo. Há muita coisa à nossa volta que hesitamos em abandonar, que suscitam em nós a pergunta: "Por que deveria?" Contudo, aqueles que praticam o desapego de seus pertences, seu corpo e seu ego são as pessoas mais afortunadas do mundo.

Os apegos criam a mentalidade do "Eu deveria..."

Permanecer apegado a certo modo de vida pode levar você a se restringir. Os pais chegam a prescrever aos filhos um comportamento "apropriado". Não é de surpreender que esse tipo de imposição crie prisões em volta das pessoas, que se sentem então pressionadas por expectativas e comparações. Por algum tempo, podem se sentir bem, uma vez que delegaram sua responsabilidade e sua vida a um papel que têm de desempenhar. Porém, gradualmente, o peso vai aumentando e perguntas a respeito de decepções e conquistas começam a surgir.

As expectativas sufocam a beleza da vida, a beleza do imprevisível. Mantêm você tão ocupado que, correndo à sua frente, nunca se deixam alcançar. As expectativas o tornam ansioso; você vive receando que jamais se realizem, fica desapontado caso não se enquadrem em sua vida – e uma sensação de anticlímax é inevitável mesmo quando tudo sai de acordo com os planos. De um modo ou de outro, na verdade, você nunca se dá a chance de ser feliz. Por isso digo sempre: não convém alimentarmos expectativas, pois então ficaremos satisfeitos com o que der e vier. Não peço que você renuncie a qualquer rumo ou motivação na vida, que não se sinta otimista ou excitado com respeito às possibilidades, mas, sim, que deixe de se esforçar tanto para ver no futuro, que não tente obrigar uma versão desse futuro a acontecer e que deixe de impor *condições* à sua felicidade. Assim, ficará livre para desfrutar o presente.

A boa notícia é que você não precisa mudar a situação de sua vida para se ver livre; tudo gira em torno da maneira de encarar as coisas e de sua própria atitude. Basta romper os laços e continuar sendo você mesmo para que as obrigações e as culpas fiquem para trás e você possa caminhar a passo mais leve.

Suprimir os apegos aprofundará, em definitivo, sua compreensão. Quando estiver às voltas com um problema, uma dúvida ou um desafio grave, nada disso lhe parecerá tão ameaçador caso já tenha resolvido tudo em seu íntimo; você ouviu o coração e tomou a melhor decisão possível, mas continua receptivo e consciente de que tudo o que pode fazer é o "seu" melhor. Mostrando-se mais livre e flexível, conseguirá se adaptar às mudanças de situação e se sentir mais preparado, um pouco mais à vontade. Verá as coisas de diferentes perspectivas, não de uma só, rígida e fixa. Tudo, então, lhe parecerá mais tranquilo.

Posses

As posses materiais podem nos apanhar numa armadilha caso não sejamos cuidadosos. Elas geram o senso de que as coisas estão "fixas" no mundo, quando não estão: tudo pode mudar. Além disso, as posses materiais costumam empurrar nossos sentimentos e nossas concepções sobre a vida para dentro de uma espécie de cofre. Então, nossas ideias se fossilizam em vez de permanecerem fluidas e móveis como devem ser.

Construímos uma casa e dizemos, "É minha!" e não mais nos desgrudamos dela. Tornamo-nos quase inseparáveis da casa, achando que faz parte de nós. Pensamos que ela é eterna, permanente, como se pudéssemos levá-la para a próxima vida. Somos possessivos demais. Não há nada de errado, é claro, em possuir uma casa, nada de errado em possuir riqueza – mas nem uma coisa nem outra fazem parte de nós. Nossas raízes não estão nos bens materiais, estão dentro de nós.

Tenho um amigo que é corretor de valores. Não sei bem o que ele faz, mas é meu aluno e tem praticado comigo há muitos anos. Há tempos enfrentou, com seus sócios, graves problemas empresariais. Seu banco faliu e eles perderam todo o dinheiro que tinham. Cada qual sofreu à sua maneira. O gerente saltou da janela e morreu; muitos dos sócios tiveram ataques cardíacos, e outros, crises nervosas. Hoje, meu amigo é o único que continua em boa forma. Eu o vi apenas duas semanas depois da falência do banco e ele estava ótimo, tranquilo. Preocupava-se, é claro, com a família e a empresa, mas, como não se apegara à sua situação, ela não o afetou da mesma maneira que a seus sócios. Francamente, fiquei perplexo; até hesitara em procurá-lo porque achei que não gostaria muito de falar sobre o assunto. Mas não; ele estava rindo como sempre.

Se sua prática provém do fundo do coração, mesmo que surjam problemas gravíssimos, você não sucumbirá ao seu peso. Sabe que conseguirá viver normalmente seus dias e continuar avançando, em vez de achar que o mundo acabou. Para isso é necessário haver muita prática; mas sempre podemos dar o primeiro passo.

Emoções "quentes"

A maneira mais fácil de descobrir as emoções que podem prejudicar a nós e aos outros é pensar nelas como emoções "quentes". Pense, por exemplo, na cólera, na inveja, no orgulho e mesmo no desejo: é quando esquentam que confundem nossos pensamentos, nossa compaixão e nosso verdadeiro eu. Ficamos, literalmente, com a cabeça fervendo: a cólera ou o desejo se inflamam à custa dos outros ou se instalam dentro de nós, chegando ao ponto de ebulição e impedindo-nos de raciocinar com clareza.

> *"Emoções aflitivas – inveja, raiva, ódio, medo – devem ser eliminadas.*
> *Quando você percebe que elas são passageiras,*
> *que logo se dissolverão como nuvens no céu, percebe também*
> *que podem ser abandonadas de vez."*
> – Sua Santidade Dalai Lama

Sentimentos bons como o amor e a paixão também podem atormentá-lo e até mesmo fazê-lo chorar, mas, em vez de provir de uma fonte egoísta, nascem da compaixão e da preocupação genuína com o bem-estar de nossos semelhantes. Assim, se você se apega à luxúria e se sente sozinho quando não está com ninguém, graças ao verdadeiro amor gozará de um sentimento de liberdade, pois cuidará de uma pessoa ou de uma coisa sem ser controlado por elas nem procurar controlá-las. Caso contrário, sua natureza se inflamará, fazendo-o sentir-se agitado, insatisfeito e diferente de si mesmo.

Orgulho

O orgulho é algo com que devemos nos preocupar diariamente. Você se olha ao espelho e fica orgulhoso. Talvez tenha belos olhos, um bonito nariz – e isso acende seu orgulho. Há tanta coisa capaz de despertar em nós esse sentimento! Hoje, ele é considerado uma coisa boa e confundido com autoconfiança. Você é instruído a orgulhar-se de si mesmo e a querer que sua família ou seus amigos ajam da mesma maneira: "Vá lá, imponha-se, não seja tímido, você é o melhor." Esse tipo de ensinamento é responsável pelo fato de o mundo estar ficando cada vez mais caótico; as gerações vindouras vão enfrentar um problema enorme.

Vou fazer uma distinção sutil: todas essas coisas de que você se orgulha podem ser muito boas, mas você deve combater o orgulho que elas lhe provocam. As coisas bonitas serão bonitas para sempre, não precisamos nos orgulhar delas, apenas deixar que sejam o que são; deixemos que sejam boas sem lhes atribuir o potencial de nos prejudicar gerando inveja ou desejo por mais. Se você não tiver orgulho, poderá ter tudo. E tudo ficará bem porque você cultiva o senso da tolerância. No entanto precisa ser prudente para não se sentir arrogante e orgulhoso – orgulhoso do seu corpo, do seu dinheiro, do seu nome ou da sua reputação. Apenas tome cuidado.

Inveja

Assim como o orgulho, a inveja é insidiosa e pode se manifestar a qualquer tempo. A cólera e o desejo não: percebemo-los logo que aparecem.

No entanto, assim como o orgulho costuma ser confundido facilmente com a autoconfiança, a inveja às vezes se insinua em nosso cotidiano quando estamos fazendo o melhor para vencer. E, quando fazemos o melhor, é tentador nos compararmos com os outros e ficarmos invejosos daqueles que, a nosso ver, estão tendo mais sucesso que nós. Ocorre também que, quando nos apegamos demais a uma pessoa, transformamos tudo em desculpa para sentir ciúme: não conseguimos simplesmente relaxar e nos dar bem com um parceiro ou um amigo. A inveja e o ciúme são emoções das mais aflitivas. Impedem que aprendamos e cresçamos, criam mal-entendidos por toda parte, bloqueiam nossos esforços a ponto de, mesmo que procuremos fazer o melhor, nos impedir de apreciar a vida, como se nos contaminasse.

Raiva

A raiva é muitas vezes descrita como uma "névoa vermelha" que desce sobre nós quando já não controlamos nossas emoções e até nossos atos. Ela pode nos esmagar; mas não é menos verdade que, com o tempo e a prática, conseguimos dominá-la, apagar as chamas e substituí-las por sentimentos cada vez mais fortes de tolerância e paciência.

Permitir que a raiva se traduza em palavras ou atos agressivos pode certamente magoar os outros, mas quase sempre a pessoa mais afetada é você mesmo. Pense em como se sente mal depois de um acesso de raiva. Sei que não é saudável encerrar a raiva dentro de nós mesmos, pois isso cria uma pressão dolorosa que pode explodir a qualquer tempo; mas se você não aprender a controlar a raiva por dentro, ela se manifestará repetidamente por fora, num processo sem fim.

A raiva frequentemente nos paralisa; ela nos impede de nos comunicarmos com eficiência e nos faz rosnar. Há muita raiva em casa, no trabalho e mesmo no ônibus ou no trem. Por que ela nos domina tão rapidamente e com tanta força? Por que, no Ocidente, as pessoas se mostram cada vez mais irritadas quando têm tanta riqueza e tanto conforto? O que, na verdade, as encoleriza?

Convém lembrar que as pessoas excessivamente encolerizadas na verdade sofrem muito; não é uma coisa boa. Algumas, porém, encaram a vida com mais leveza e, quando sentem que a raiva irá dominá-las, dão um passo atrás e perguntam a si mesmas se valerá a pena explodir naquele momento. Você consegue reconhecer sua raiva e aprender com ela, em vez de direcioná-la para os outros? Podemos ser solidários, apresentar nossos pontos de vista ou proteger nossos semelhantes de algum dano, mas com força serena e não com acessos incontroláveis de raiva, que tendem a ter efeito negativo à nossa volta. Com o tempo, você aprenderá a reconhecer não apenas a raiva, mas sua causa; então, se furtará a esse sentimento opressivo e apenas o *observará*.

Desejo

Desejar é como beber água salgada: quanto mais se bebe, mais sedento se fica. Se você obedecer cegamente a seus desejos, não conseguirá parar: eles ficarão cada vez mais fortes e você nunca se sentirá satisfeito por muito tempo.

O desejo é uma emoção traiçoeira, pois muitas vezes parece intimamente associado à alegria e ao amor. Porém, embora possa despertar sentimentos bastante agradáveis, aconselho-o a examinar bem todos os que estejam ligados a essa emoção. São sentimentos caprichosos, exigentes – "Quero isto, quero aquilo, quero você" – ou amáveis, sem apegos, que não controlam nem você nem o objeto de seu desejo? Há um instante, num relacionamento, em que os desejos intensos, quase dolorosos, se transformam em algo mais descontraído e fácil: é então que descobrimos que o relacionamento é bom e podemos respirar aliviados novamente. Não é esse o instante realmente pleno de alegria e amor verdadeiros?

Afastar-se do desejo negativo não significa que você deva abandonar todas as coisas e todas as pessoas de que gosta. Significa, isso, sim, eliminar os desejos sôfregos aos quais descobre estar apegado demais, que alimentam em você um senso de cobiça ou descontrole. Nós podemos nos apegar até mesmo à dor, emocional ou física. Os cientistas demonstraram que, se *esperarmos* a dor física, com muita probabilidade a experimentaremos. O mesmo pode se dizer do que acontece em nossa vida emocional. O desejo vem, muitas vezes, misturado com a dor; outras vezes, uma parte de nós é propensa a esse sentimento, que julgamos ser nosso quinhão no mundo: achamos, em suma, que atraímos a dor emocional. Não raro, esse tipo de desejo ou sofrimento até nos ilude, levando-nos a supor que a vida é assim mesmo. Nada mais distante da verdade.

* * *

Quando você entra no ritmo natural da vida, nota que essas emoções já não ardem com a mesma intensidade; que é preciso muito mais provocação para acender o fogo, que a paciência e a tolerância aumentam à medida que a raiva e a inveja diminuem. Contudo, penso que as pessoas às vezes temem perder uma parte forte de si mesmas caso acalmem sua raiva e, principalmente, seu desejo. Acham que cabeça quente é paixão, preocupação autêntica com as coisas e as pessoas em sua vida. Mas pense um pouco: quando você está dominado por uma emoção intensa, sente que é você mesmo ou receia estar, de certa forma, descontrolado? Talvez queira se aliviar deixando que a raiva exploda, mas como costuma se sentir depois: realmente bem consigo mesmo?

Quando as emoções fortes ficam fora de controle, perdemos a compreensão de nós mesmos e dos outros, passando a ser controlados por elas, isto é, pela ignorância. Descrevo isso como uma treva espessa e profunda, que torna difícil *ver*.

Esses acessos podem ocorrer de repente, sobretudo quando nos sentimos ofendidos por atos impensados como xingamentos no trânsito, grosserias ou repreensões. Porém as brasas podem ser atiçadas lentamente, quando, por exemplo, não estamos satisfeitos no emprego ou num relacionamento. Em ambos os casos, ficamos presos às nossas emoções. Julgamos ter sido prejudicados e essa é uma emoção difícil de serenar; parece mesmo que estamos fazendo justiça mostrando-nos enraivecidos. Ou então supomos que, cultivando um desejo intenso, provamos que nosso relacionamento é profundo e significativo. Mas alguma dessas emoções violentas nos faz sentir bem? Recebemos delas algo mais que estresse e aflição? Até nosso corpo reage a essas emoções, frequentemente por meio de dores de cabeça, cólicas estomacais ou uma sensação generalizada de inquietude que confunde nossa mente, encurta nossa respiração e acelera nossos batimentos cardíacos. Sim, somos humanos e, portanto, essas emoções fazem parte de nós; mas quero lhe dar instrumentos para combatê-las quando se manifestarem. Não será preciso que negue suas emoções, apenas que as observe e compreenda por que se sente assim.

Crie espaço para a compaixão

Prestando bastante atenção ao que fazemos, aos poucos, começamos a entender nossas emoções, perceber de onde vêm e se são boas ou não para nós. É realmente difícil, no calor do momento, refrear a cólera, o medo, a inveja ou o desejo; mas se, todos os dias, reservarmos algum tempo para analisar a nós mesmos e às nossas emoções, logo elas deixarão de nos controlar. Se você conseguir identificar os "venenos", dará um grande passo para tornar o caminho menos acidentado. Então, saberá transformar a cólera em paciência, impedir-se de proferir palavras ofensivas e alegrar-se com o sucesso dos outros, em vez de invejá-los. Será generoso nos pensamentos e desejará sempre o melhor para todos.

"Neste mundo,
nunca o ódio debelou o ódio.
O ódio só é debelado pelo amor
antigo e inexaurível.
Tu também partirás.
Sabendo disso, por que brigas?"
– Buda

Esqueça seu ego

"É da natureza do ego tomar e é da natureza
do espírito partilhar."
– Provérbio budista

O que é exatamente essa entidade a que chamamos ego? Para mim, apenas isto: uma "coisa" artificial que nós facilmente confundimos com aquilo que somos de fato. Nosso ego é nossa autoimagem, todos os rótulos com os quais nos descrevemos, todas as experiências que nos motivam emocionalmente. É a lente ou o filtro pelo qual vemos o mundo e que, por alguma razão, achamos ser perene quando, como qualquer outra coisa na vida, está sempre mudando. Não é, pois, algo a que devamos nos sentir presos ou submetidos.

Com o tempo essa construção artificial, que é o nosso ego, acumula camadas de resistência à mudança e nos torna autoconscientes. A partir de nossas experiências de infância e ao longo da vida, o ego nos diz quem nós somos e o que devemos esperar de nós mesmos. Tudo começa pelo modo como os pais nos descrevem quando somos crianças; se nos consideram tímidos e reservados, acabamos por desempenhar esse papel durante a infância, antes de percebermos que na verdade somos atirados e tagarelas. Talvez você tenha sido um "bom" menino e receasse se tornar no futuro uma decepção. Ou um "pesadelo", malcriado e rebelde a ponto de não saber se um dia seria "bom". Obviamente, nenhuma criança é uma coisa só, mas esses rótulos costumam "grudar", e quando saímos da infância para a idade adulta, nosso ego se apega a eles como fortes elementos de identificação. Manifesta-se então a tendência para ficarmos presos ao passado, para essa visão rígida de nós mesmos e do mundo, o que dificulta a busca de realizações na vida. Ou então nos ocupamos unicamente do futuro, fugindo do passado com tanta pressa que, muitas vezes, nem sequer percebemos onde estamos.

Quando permitimos ao ego assumir o controle, nosso apego a objetos e pessoas, ou mesmo a emoções violentas, torna-se mais forte, transforma-se em cadeias que nos impedem de viver a vida com liberdade e simplicidade. Nosso ego tende a privilegiar as causas de sofrimento. Não deixa que nossa sabedoria natural funcione à sua própria maneira, que é bela. Nós a sufocamos com camadas e mais camadas de elaborações puramente mentais. Devemos, pois, superar o ego, jogá-lo fora.

Isso pode ser um pouco confuso porque, embora todas as coisas no mundo estejam ligadas e sejam interdependentes, essa conexão não deve nos subjugar. Tão logo emprego a palavra "meu", exagero a conexão. Exagero o atrativo de uma pessoa ou uma coisa porque elas são "minhas"; e posso exagerar também qualidades pouco atraentes, até em mim mesmo: "Não sou divertido" ou "Sou um chato". Ninharias em que os outros nem reparam tornam-se defeitos graves em minha mente, motivos de sobra para eu não me descontrair e perceber que hoje é um belo dia.

Um ego forte nos torna fracos

O ego não parece gostar muito de mudanças. Tende a impor uma rígida maneira de ser e ver as coisas, razão pela qual a menor ofensa, o mínimo desafio a seu conjunto de crenças podem feri-lo facilmente. Quando o ego é forte, fortes são também os juízos proferidos sobre os pensamentos e as ações tanto dos outros quanto da própria pessoa. O mundo moderno é excessivamente tirânico em seus juízos, dizendo-nos como devemos agir e parecer, se somos um sucesso ou um fracasso, uma boa ou uma má pessoa. As expectativas depositadas em nós pela família e a sociedade, ou que nós mesmos nos impomos, colocam-nos em situação de poder ser sempre julgados e, portanto, de frequentemente decepcionar.

É ótimo ensinar as crianças a ter autoconfiança, a tentar fazer o melhor e a saber que podem planejar qualquer coisa, sonhar com tudo. Porém, nas gerações recentes, essas boas intenções muitas vezes acumulam um peso enorme de expectativas nos ombros das crianças em sua passagem para a vida adulta. A expectativa promove a construção do ego. Sentimo-nos habilitados a certas posses, a certo nível do que, para nós, é sucesso e riqueza. As crianças crescem pensando que já sabem tudo, tornando-se avessas ao aprendizado, à investigação e à descoberta. O exemplo mais óbvio disso é quando crescem sonhando apenas em ficar famosas. Sem um objetivo consistente, tudo o que esse tipo de ambição consegue é alimentar o ego a tal ponto que, para elas, torna-se cada vez mais difícil saber quem são realmente.

Muitas vezes, confundimos o ego com autoconfiança, mas ele é na verdade muito ignorante e só cria obstáculos à nossa felicidade. É um legítimo desordeiro. O "eu", com sua força e vivacidade, influencia poderosamente nossa vida. *Eu preciso, eu quero, eu gosto* – e por aí vai. Aferramo-nos àquilo que o ego deseja. No entanto, quando decidimos romper essa ligação, a vida se torna bem mais fácil. Por exemplo, se planejamos ir a algum lugar, mas sobrevém um incidente que impede a viagem, não devemos lamentar nem nos irritar; devemos fazer outra coisa ou ir a outra parte. Devemos *ir em frente.*

"Toda pessoa é, no íntimo, decente e boa. Se ouve essa voz e age de acordo com ela, dá ao mundo uma grande parcela daquilo que mais lhe faz falta. Isso não é complicado, mas exige coragem. Coragem para ouvir a própria bondade e agir de acordo com ela."
– Pablo Casals

INVESTIGUE A PALAVRA "EU"

Ao longo do dia, primeiro, simplesmente observe quantas vezes emprega a palavra "eu" e pergunte-se por que faz isso. A que está se referindo? O que essa palavra representa? Você permite que seu ego governe seus pensamentos e suas ações? *O que aquela pessoa pensa de mim, o que penso dela, quem é melhor, mais bem-sucedido, mais atraente?* Somos bombardeados por pensamentos que vêm diretamente do ego, esse balão de orgulho que pode estourar à mínima alfinetada. Portanto, observe-o primeiro e depois procure descobrir se consegue ir além de todas as comparações e dúvidas alimentadas por seu ego e seus medos. Assim, começará a ser você mesmo.

Quando percebemos que nada neste mundo é intrinsecamente real, mas, em parte, é criação de nossa mente, começamos a eliminar as camadas do nosso ego; tornamo-nos menos rígidos, mais abertos, e aceitamos o que as outras pessoas pensam ou dizem. Você pode, por exemplo, achar que uma mulher é bonita e rotulá-la de bonita intrinsecamente. Porém vem um amigo e diz: "Ah, não, ela não é bonita. Não gosto dela." A verdade é que nenhum dos dois está certo ou errado, pois tudo depende do olhar do observador. A mente é que cria tudo. Por isso, julgo acertado dizer "eu penso" ou "eu acho" sempre que possível, em vez de declarar qualquer coisa um fato inquestionável. Assim, fica bem mais fácil manter uma conversa e, caso necessário, concordar ou discordar.

Se permitirmos ao ego assumir o controle, ele dificultará a compreensão. Embora pareçamos muito cultos, muito inteligentes e muito espertos, lá no fundo de nossa mente somos muito obtusos. Não sabemos o que de fato acontece, quem somos, o que fazemos e para onde estamos indo. Não sabemos – e avançamos às cegas. Por isso, costumo dizer que a vida é um jogo. Podemos acertar às vezes naquilo que nos convém, mas tudo é um jogo. Coisas boas talvez aconteçam, mas não sabemos ao certo. Quando vivemos a vida dessa maneira, temos de fazer inúmeras conjecturas limitadoras e convencer-nos de que estamos com a razão, em vez de permanecermos abertos para o que der e vier.

Imitamos tudo!

Se pensarmos bem, estamos sempre nos comparando aos outros e imitando-os. Imitamos sua maneira de viver, de comer e vestir. Se alguém aparecer com um modelo novo de roupa, amanhã você correrá à loja e comprará um igual. *Se aquela mulher está usando aquele vestido, ele deve ser muito atraente e, portanto, também devo ter um.* Não sabemos mais ser nós mesmos. Vêm então as comparações e passamos a nos julgar melhores ou piores que os outros. Pomo-nos a rotular pessoas e a nós mesmos, sentindo inveja ou orgulho em vez de simplesmente nos contentarmos com ser o que somos.

Com o ego no controle, fazemos um tremendo esforço e usamos uma tremenda quantidade de energia na tentativa de manipular as coisas ao nosso gosto; mas então o que criamos sufoca a beleza intrínseca de nossa própria natureza. As construções artificiais sempre resultam numa série de problemas, vindo depois a decepção, pois nossa expectativa é exagerada.

Substitua o ego pela humildade

A principal característica da prática do desapego é a humildade. Antes de aprender qualquer coisa ou adquirir conhecimento, precisamos diminuir nosso orgulho e tornarmo-nos humildes. A humildade provém do desapego. Se você ainda está apegado ao seu corpo, à sua aparência, à sua juventude, à riqueza ou seja lá o que for, não pode ser humilde.

Na falta da humildade, o orgulho parece um grande balão redondo e solto, que não está preso a nada. E, como não há substância, uma pequena agulha pode estourá-lo. O orgulho também é assim: volumoso, mas sem solidez. Gaba-se de "ser isto", "ser aquilo", inflando sua auto-imagem. Se alguém diz alguma coisa que nosso orgulho não quer ouvir, ele arrebenta à menor pressão ou sobe nos ares, declarando: "Sou melhor que esse sujeito, quem ele pensa que é?"

Por causa do orgulho, você perde a oportunidade de receber, ao passo que a humildade o deixa disponível para tudo. Você ouve e aceita o que quer aprender e o que as pessoas lhe dizem.

Ego e emoção

Se você pensar bem, verá que o ego está quase sempre associado à irrupção das emoções violentas que arruínam nosso dia e mesmo o dia das pessoas que nos cercam. Nenhuma delas tem muito sentido quando estamos felizes e de bem com nós mesmos e o mundo; mas, quando eclodem, podem ser incrivelmente fortes, não apenas afetando o momento como gerando também inseguranças duradouras. São o parque de diversões de nosso crítico interior, da criança ferida que há dentro de nós.

A *ansiedade* vem perturbando terrivelmente a época atual, gerando mal-estar e o sentimento de que as coisas, ou você mesmo, não estão no caminho certo. A ansiedade reforça a imagem que fazem de si mesmas, por exemplo, aquelas pessoas que não se acham suficientemente boas ou receiam tomar as decisões erradas. Elas sucumbem ao peso de seus padrões impossíveis e tornam-se perfeccionistas. Sabem, no fundo, que ninguém é perfeito, mas, em vez de se libertarem do fardo, continuam lutando, se pressionando. O ego gosta da ansiedade porque ela nos mantém paralisados, eterniza a imagem fixa que temos de nós mesmos, muitas vezes ligada ao passado e pouco importante para o aqui e agora.

A *depressão*, também, vem alcançando níveis alarmantes nas sociedades ocidentais. Constato uma forte ligação entre as grandes expectativas que as pessoas ora alimentam desde a infância e por toda a vida adulta, de um lado, e o aumento da depressão, de outro. Em tempos difíceis, como durante as guerras mundiais do século passado, as pessoas eram mais felizes no dia a dia, ainda que muitas delas corressem o risco de perder a vida. Mostravam mais flexibilidade, talvez por terem aprendido a renunciar às suas esperanças e a se alegrar com o pouco que tinham nos raros momentos de paz de que dispunham.

A depressão pode estar associada ao autodesprezo. Quem sofre às vezes acha que está sendo muito egoísta em sua doença e, por isso, gosta cada vez menos de si mesmo. É triste ver quanto, na era moderna, a depressão se espalhou. Ela requer tratamento cuidadoso, mas noto também que é alimentada pelo ego, pois, de fato, a percepção e a compreensão errônea do eu podem levar a pessoa ao estado depressivo.

Quando o ego está no controle, observa-se em algumas pessoas um grau elevado de autoconsciência que por sua vez provoca sentimentos de embaraço e até de humilhação. A *humilhação* é uma emoção violenta. Você se sente tão pequeno que preferiria desaparecer de uma vez por todas. Esse sentimento está fortemente associado a lembranças antigas, remontando ao momento em que nos fizeram sentir estúpidos, pouco atraentes ou desprezados. O ego se apega a essas lembranças e aos sentimentos que as acompanham, facilitando sua evocação.

É difícil calar os sentimentos de humilhação diante do *bullying* ou das críticas agressivas, especialmente quando se manifestam como reações físicas do tipo descontrole ou choro incontido. De novo, eles se devem ao fato de você não se aceitar como é, de recear que, cedo ou tarde, seja desmascarado e tenha suas falhas dolorosamente expostas, de suspeitar que essas lembranças antigas são consistentes e você de fato é tolo, feio e indigno de afeto.

A *culpa* é outra emoção à qual o ego procura se apegar e que, para mim, deve ser relegada ao passado. Assumir responsabilidades e buscar soluções para os problemas é um passo positivo, mas ruminar culpas abalará sua confiança e o afastará do processo produtivo de aprender com os erros e as experiências. A culpa não nos motiva à ação, apenas faz com que nos sintamos mal. Pais se sentem culpados por não passarem tempo suficiente com os filhos, mas ficam presos à culpa em vez de tomar providências para corrigir essa falha. Você se sente culpado no trabalho por não ter dado um telefonema, mas, em vez de tirar o aparelho do gancho e discar, fica paralisado, passando o dia a pensar no assunto e em suas consequências. Em suma, você se esquiva mesmo sabendo, no íntimo, que a melhor coisa a fazer seria enfrentar o problema. Lembra-se de alguma ocasião em que, nas mesmas circunstâncias, acabou tomando coragem para agir? Não foi tão ruim quanto pensava, certo?

Como o ego muitas vezes busca se afirmar externamente, acaba entrando no jogo da culpa. A *culpa* causa muito sofrimento e nada mais; um pouco de reflexão basta para concluir que não traz benefício algum às pessoas. A autocensura nos faz sentir inferiores e inúteis. Permitimos que os equívocos nos controlem em vez de aprender com eles e ir em frente. Não há sentido em criticar os outros e a si próprio. A que isso leva? O importante é o que você faz para encontrar uma solução.

Confundimos culpa com responsabilidade. Sim, somos todos responsáveis por nossas ações, mas, se fizermos o melhor, que mais se pode esperar? A culpa é incapacitante, paralisa as pessoas; elas ficam com medo de repetir erros antigos ou simplesmente de errar, preferindo, portanto, não fazer nada. E há também a crença de que censurar os outros leva a pessoa, de alguma maneira, a se sentir melhor e dizer: "Não foi culpa minha." Mas será que isso leva mesmo alguém a se sentir melhor?

A *vergonha* é a humilhação que infligimos a nós mesmos – frequentemente relacionada à culpa e à autocensura. Envergonhamo-nos de nossas ações e perdemos tempo lamentando nossos erros em vez de pensar: "E agora, que farei?" Como tantas outras emoções provocadas pelo ego, a vergonha nos mantém presos ao passado e inativos, incapazes de dar o próximo passo. Todos nós cometemos erros, mas não podemos modificar o passado: só o que podemos fazer é aprender, permitindo que essas lições nos ajudem no presente e no futuro.

Às vezes, o ego nos induz a fugir para dentro de nós mesmos, como quando, envergonhados ou embaraçados, temos vontade de desaparecer. Ou então incha até alcançar proporções antinaturais, repulsivas. Superficialmente, a arrogância parece pressupor boa dose de firmeza de ânimo, mas não passa de uma máscara sob a qual existe muita insegurança. A *arrogância* nunca é gentil e, se uma pessoa não consegue se mostrar gentil para com outras, como se mostrará gentil para consigo mesma? Se as pessoas ansiosas sempre exageram suas falhas, a arrogância geralmente as engana, fazendo-as acreditar que tudo está bem, obrigado. Por sua própria natureza, não é algo que admitamos facilmente possuir, motivo pelo qual ela é uma das emoções favoritas do ego. De fato, é a característica que com mais facilidade associamos à palavra "egoísta"; o grande "eu sou".

> *"Notamos facilmente uma mosca no nariz dos outros enquanto ignoramos um cavalo no nosso."* – Provérbio tibetano

A arrogância muitas vezes vem acompanhada por uma atitude de *defesa*, quando a pessoa se vê diante de algum tipo de ameaça. E, não raro, praticamente tudo parece ameaça a quem é arrogante. O ansioso em geral cede e se refugia no próprio ego, mas o arrogante ataca, defendendo seu ego com palavras cruéis a fim de vedar o acesso à vulnerabilidade que oculta sob a superfície.

Ironicamente, quando nos colocamos na defensiva, quase sempre nossa posição é indefensável. Nossa perfeição foi questionada. No fundo, sabemos que não somos perfeitos, mas não podemos aceitar isso e reagimos. Assim, gastamos tempo e energia protegendo uma criação de nós mesmos, motivo pelo qual a atitude defensiva sempre parece vazia, como se estivéssemos em terreno movediço.

Se você cair na armadilha de se identificar recorrendo a comparações com os outros, então o seu ego o convencerá não só de que é pior que alguns como melhor que muitos – despertando em você sentimentos de *autoimportância*. O mundo moderno é tão competitivo que só com grande dificuldade evitamos esse problema. Entretanto, se alguma vez você se sentiu melhor que os outros, no fundo esse foi um sentimento agradável? Com efeito, para aumentar sua importância você precisa diminuir a de alguém; e, embora a meu ver percebamos na hora que essa é uma atitude mesquinha, mesmo assim acabamos por adotá-la.

Nada mais saudável que tentarmos fazer o melhor, quaisquer que sejam nossos talentos. No entanto, quando o ego se põe a competir, pode se tornar um jugo em volta do nosso pescoço; ficamos olhando só para a frente, incapazes de simplesmente gozar o momento, insatisfeitos com tudo. A *competitividade* às vezes traz sucesso material ou intelectual, mas, se você não consegue ser feliz com o sucesso alheio, então está se omitindo.

O mundo moderno nos ensina a ser muito *críticos*, uns com os outros e com nós mesmos. O ego gosta de criticar porque essa é mais uma maneira de deixar as coisas como estão; muitas pessoas declaram não saber executar certas tarefas antes de conhecer suas próprias forças. E é bem fácil para os autocríticos passar a criticar agressivamente os outros. Tal pessoa não está se esforçando o bastante, não é muito educada, não é perfeita... O ego gosta que as coisas não mudem e todo o nosso ser se sente ameaçado boa parte do tempo porque a realidade é que nada é perfeito; nem nós. Ele não nos impede de tentar, mas, tal como a competitividade, impede-nos de viver o momento. Talvez você tenha se saído bem na escola, tirando sempre 10. Mas um belo dia tirou 9 e achou que seu mundo ia desabar. O fato agora parece ridículo, mas esses sentimentos se entranham em nós e, toda vez que não agimos exatamente de acordo com nossos padrões, julgamos que poderíamos ter feito melhor. Por isso lhe digo, enquanto você lê este livro e procura fazer progressos: o presente mais valioso que posso lhe dar é a aceitação. Você não precisa ser cruel para ser gentil, apenas abra seu coração e seja mais receptivo, menos crítico. Toda pessoa tem seus méritos, então por que bloqueamos, recriminamos ou julgamos tanto? Gozo e felicidade são importantes para todos, não somente para *mim*. Deixemos, pois, que também os outros gozem e sejam felizes.

O ego nos instiga a sermos o número 1, sempre receando de que alguém mais o seja. Todas essas características são rótulos aos quais o ego se agarra; elas escrevem a história que contamos a nosso respeito, mas também nos impedem de sermos nós mesmos e de vivermos nossa vida com liberdade e descontração. Nenhuma delas nos torna gentis ou generosos, nenhuma delas faz parte de nossa verdadeira natureza, por mais que sintamos sua presença.

Você tem de aprimorar a capacidade de analisar-se e descobrir sua própria natureza, reconhecer que é o que é, pura e simplesmente, alguém que faz o melhor a cada dia e procura definir os pontos em que pode melhorar hoje e amanhã. Não desperdice sua energia e seu tempo preciosos sentindo-se culpado ou arrependido pelo que fez no passado; ao

PERGUNTE A SI MESMO: "QUE TIPO DE PESSOA EU SOU?"

Algumas pessoas se mostram mais propensas a encontrar seu caminho pela reflexão, enquanto outras são seres mais físicos que talvez precisem, literalmente, dar um passo atrás quando uma situação os desafia. Umas são mais sensíveis que outras, mais excitáveis, e por isso mesmo tendem ao desânimo e à depressão. Costumam irritar-se e encolerizar-se com facilidade, gostam de brigar e agredir. Quando ficam com raiva, não param para pensar e "explodem" logo. Outras pessoas, no entanto, conseguem refrear a raiva e exercer a paciência. Têm mais energia mental e são particularmente afeitas à contemplação e à meditação. Dão mentalmente um passo atrás quando outras precisam, ao pé da letra, sair correndo da sala!

Portanto, devemos nos examinar e perguntar que tipo de pessoa nós somos. Atualmente, recorremos, para descobrir isso, a inúmeras técnicas ou práticas de autoajuda, como se estivéssemos fazendo compras num supermercado. Aderimos a qualquer uma, que às vezes é a menos adequada à nossa natureza. Isso lembra um pouco os remédios: alguns podem funcionar para certas pessoas, mas não necessariamente para você. Diferentes tipos de remédios funcionam para diferentes tipos de pessoas e, assim, é necessário nos analisarmos para descobrir qual é o mais indicado para nós em todos os aspectos da vida.

contrário, considere-se bom e bem-sucedido como pessoa no trabalho, no amor e em tudo mais. Você está ótimo assim como é. E, quando conseguir aceitar isso realmente, começará a perceber que algo semelhante é verdadeiro para os outros. Nenhum de nós é perfeito, somos todos humanos – para que continuar perseguindo coisas ruins quando há tantas coisas boas por aí?

> *"Cultive a atitude mental especial que o faz sentir-se profunda e essencialmente vivo, acompanhada da voz interior que diz: 'Este é o meu eu verdadeiro.' E, quando assumir essa atitude, persista nela."* – William James

Muitas pessoas não têm coragem de se olhar ao espelho, mas olham as outras através de lentes de aumento. Por isso se julgam desprezíveis. Tenhamos a coragem de nos vermos com nitidez. Reconhecer as próprias falhas é uma maneira destemida de viver, pois só quando nos damos conta desse fato é que colocamos os pés no chão e dizemos: "Está bem, preciso melhorar. Tenho de mudar."

O primeiro passo é compreender que tudo está dentro de nós; depois, trabalhar a nossa natureza e evoluir. Se você entender que a mente cria tudo, começará a sentir que tudo está em suas mãos. Pela minha experiência, esse tipo de constatação é uma espécie de libertação.

> *"Você não precisa sair de seu quarto... Continue sentado à mesa, ouvindo. Não precisa nem ouvir, apenas aguarde. Ou melhor, não aguarde, fique em silêncio e sozinho. O mundo, espontaneamente, se oferecerá a você para ser desvendado. Ele não tem escolha. Rolará em êxtase aos seus pés."* – Franz Kafka

A decisão de se libertar da imagem rígida que tem de si mesmo e das emoções "quentes", às quais seu ego gostaria de vê-lo apegado para sempre, lhe dá uma nova maleabilidade, uma nova flexibilidade. Objetos duros e rígidos como o vidro se estilhaçam mais facilmente que objetos macios e flexíveis. Introduzir um pouco de "doação" em sua vida constituirá um maravilhoso alívio da pressão que você tomou aos ombros no passado ou que outros lhe impuseram. Essa atitude desenvolverá em você a capacidade para encarar os altos e baixos da vida com a força da adaptabilidade, deixando-o permeável a incontáveis possibilidades excitantes. Desse modo, se mostrará mais afetuoso para com sua família, mais gentil para com seus vizinhos e para consigo mesmo. Já não precisará fugir e se descobrirá mais cordial, mais compreensivo, mais satisfeito com o mundo. E o motivo para se tornar tão educado, tão agradável e tão solidário é a descontração.

Do egoísmo à abnegação

A consequência do egoísmo e do orgulho é o sofrimento sem fim. A consequência do zelo pelos semelhantes é a iluminação. Veremos isso em pleno funcionamento se nós refletirmos sobre a atitude que tendemos a assumir, atualmente, em nosso cotidiano. Quase sempre, o que fazemos a cada minuto de cada dia provém do egoísmo. Dedicamo-nos aos filhos, aos pais e aos amigos; mas a nós também. Mesmo quando damos, esperamos receber: "Oh, sim, dei isso e, em troca, devo ganhar aquilo." Estamos fazendo o bem e, portanto, o ato não é inteiramente mau, mas aqui precisamos de mais alguma coisa. Precisamos aceitar que somos fracos e reconhecer que somos egoístas. Só depois será possível mudar nossa atitude e expandir nossa mente. Porque, no momento, *o espaço em nossa mente é às vezes tão exíguo que nem cabemos dentro dele.* Devemos, pois, expandir a mente e calar o ego a fim de entender quão importante é a felicidade para todos os seres. Você sabe que ela é importante para você. Essa é a parte principal de sua vida. Todas as pessoas anseiam pela felicidade, nenhuma quer o sofrimento. O primeiro passo no caminho incomum é, portanto, entender realmente que a felicidade é importante para todos e não só para nós.

A prática espiritual consiste em condicionar nossa própria mente, nosso próprio eu – não consiste em condicionar o eu e a mente dos outros. Tem a ver, de fato, com o grau de nossa capacidade para ampliar o espaço interior para que o "eu" se torne menor. Se você cultiva a noção do "eu e os outros", mas não consegue deixar de ver as qualidades negativas deles, então tem muito trabalho pela frente. Ainda não percorreu um trecho suficiente de seu caminho acidentado.

Diminua a marcha para ter uma visão mais clara

"Escreva em seu coração que cada dia é o melhor dia do ano." – Ralph Waldo Emerson

Voltando a falar do Clube da Tartaruga, acho que a melhor parte dele deve ser o passo lento com que são feitas nossas caminhadas. Enquanto outros correm à frente, seus membros aproveitam o tempo para se conhecer melhor, para contemplar as paisagens magníficas e não perder nenhum detalhe. Hoje, prefiro a opção lenta e viajo de trem de cá para lá sempre que possível. Uma coisa eu lhe digo: viajar de trem pela Índia é a melhor experiência que você pode ter. Esse tipo de jornada logo não passará de uma lembrança remota. Depois que o progresso rápido prevalecer, com mais pessoas querendo chegar mais depressa ao seu destino, os vagarosos, barulhentos, mas simpáticos e bonitos trens que ainda existem pela Índia desaparecerão.

Num trem, podemos ter inúmeras experiências. Ver aldeias diferentes, conversar com passageiros de outras cabines, comprar iguarias locais e saboreá-las caso nosso estômago seja forte. Os trens da Índia são famosos por oferecer grande variedade de comidas e o chá quente de *masala*. Eu sempre engordo depois de uma longa viagem de trem. Se quiser, você poderá levar seu rosário e seu texto sagrado para se entregar à prática espiritual: ninguém reparará no que estiver fazendo!

Lembro-me de que, quando era pequeno, costumava viajar de trem em Darjeeling. Foram anos dourados em minha vida. Ainda posso evocar o cheiro do carvão incandescente, o apito da locomotiva e a companhia de diferentes tipos de pessoas. Mesmo hoje, gosto de percorrer os vagões para averiguar o que os passageiros estão fazendo, o que estão comendo, sobre o que estão falando, para onde estão indo... Há ali muitas atividades que se podem conectar umas com as outras e muitas chances de fazer amizade.

Atualmente, nos relacionamos menos com as pessoas dessa maneira; preferimos o contato mediante telas e botões, dos quais resultam repetidos equívocos. Sempre recomendo às pessoas: não fiquem horas e horas diante do computador. Você deve se conceder um pouco de tempo e espaço para entrar em contato com a natureza. A natureza exterior o aproximará de sua natureza interior.

Viver com atenção plena

Se você conseguir viver o cotidiano com um pouco mais de atenção, achará a vida infinitamente mais relaxante e compensadora. A atenção plena estimula a valorização, que por sua vez nos ajuda a ser mais generosos e gentis com os outros, podendo, portanto, nos trazer mais felicidade. Se você estiver atento, conseguirá transformar qualquer atividade insignificante, como lavar a louça, em algo a ser apreciado. Isso o ajudará também a pensar antes de reagir a determinadas situações, antes que a cólera exploda forçando-o a proferir palavras rudes e irrefletidas. Se você tomar decisões conscientes, seguirá seu caminho com tempo para fazer escolhas, mas também para aceitar o que quer que aconteça – pois estará, então, seguindo seu coração.

Não quero que as pessoas sejam terrivelmente conservadoras, renunciando ao riso e à espontaneidade em sua vida, nem que se tornem lentas demais para tomar decisões e agir: isso levaria ao exagero de análise e reflexão. Ser atento é aguçar a percepção íntima e não permitir que os pensamentos prevaleçam. É concentrar todos os sentidos, e também o coração, naquilo que se faz. Na verdade, consiste em abrir os olhos, respirar fundo, observar o mundo ao redor e vivenciar profundamente qualquer coisa que se faça, de passear no parque a lidar com uma pessoa difícil no trabalho, mostrando paciência e mesmo um pouquinho de compreensão, por mais chata que essa pessoa pareça! Não importa onde esteja nem o que faça, recorra à habilidade de investigar sua mente. Essa habilidade precisa estar presente o tempo todo, na vida diária, e não ser uma coisa que você retira de um armário empoeirado de vez em quando.

> *"Passemos o dia descontraidamente como a natureza e não percamos o rumo só porque uma casca de noz ou uma asa de mosquito caiu sobre os trilhos. Levantemo-nos cedo, comamos ou não comamos, tranquilamente, sem perturbação; que as pessoas venham e vão; que os sinos toquem e as crianças chorem – sempre decididos a ganhar o dia. Se o motor apitar, que apite até ficar rouco. Se o sino badalar, por que devemos correr? O tempo é um rio no qual vou pescar."* – Henry David Thoreau

Concentração e atenção

Quando você aguça sua atenção durante o dia, começa a perceber os detalhes e, também, as outras pessoas.

Por exemplo, quando encontramos um sem-teto na rua, poucos de nós olhamos para ele. Não nos preocupamos porque não o vemos. Pode nos ocorrer um pensamento de piedade, mas é um pensamento breve, vago. O que devemos fazer, sempre que possível, é encarar essas situações como lições de compaixão. Considere a possibilidade de amanhã você também se tornar um sem-teto: como enfrentaria o problema? Não atribua os males dos outros ao karma que carregam, mas procure sinceramente se colocar na posição deles. Quando retiramos nossas vendas e olhamos em volta, o melhor de tudo é que podemos ver – e ver nos faz mais fortes.

Quando, por exemplo, você devota sua atenção e percepção a um amigo muito doente, não só o ajuda, mas se prepara para a eventualidade de também adoecer. Estará preparado até mesmo para a morte porque a examinou devidamente e descobriu o que significa. Já não se esconde dela buscando refúgio em seus pensamentos ou em seu coração.

> *Um brâmane perguntou certa vez ao Abençoado: "Tu és um Deus?"*
> *"Não, brâmane", respondeu o Abençoado.*
> *"És um santo?"*
> *"Não, brâmane", respondeu o Abençoado.*
> *"És um mago?"*
> *"Não, brâmane", respondeu o Abençoado.*
> *"Então, o que és?"*
> *"Estou acordado."*

Não podemos alimentar a pretensão de saber tudo o tempo todo. Se, porém, ficarmos alerta e atentos, descobriremos muita coisa. Digamos que você ame cegamente uma mulher, mas ela não lhe corresponda. Vivem juntos e, na aparência, em boa harmonia. Por algum motivo, a mulher tem fingido há dias, meses, anos. Você ignora esse fato, e ela própria não sabe em que se meteu. Como vê, o fato de não saber já é, em si, um grande infortúnio. Você não precisa percorrer um longo caminho para descobrir o que é o sofrimento nem ler textos complicados sobre o assunto. Entretanto, pode muito bem adquirir algum conhecimento apenas se conscientizando do que, verdadeiramente, fala ao seu coração. Ao ler estas palavras, não presuma que deva dar ouvidos a todas; ouça com mente aberta, examine, experimente e decida por si mesmo.

"Ninguém pode lhe dar melhores conselhos que você mesmo." – Cícero

A era das multitarefas

Hoje, as pessoas não conseguem sequer andar pela rua sem fazer algo mais ao mesmo tempo, como falar ao celular, enviar um e-mail ou ler um livro. Elas já não se encontram apenas para almoçar juntas, mas aproveitam a ocasião para discutir assuntos financeiros ou fazer negócios. Quando nosso companheiro de mesa vai ao banheiro, imediatamente nos pomos a checar novas mensagens no celular em vez de permanecermos sentados por alguns minutos, gozando o fato de não ter nada para fazer.

Espero que você descubra que é possível simplificar as coisas um pouco e prestar mais atenção ao que esteja fazendo, em vez de buscar sempre uma nova distração. Se você está tomando o café da manhã, usufrua esse momento e deguste cada bocado; é uma oportunidade excelente para refletir e gerar um senso de propósito descontraído, mas dinâmico, para seu dia. Se você está redigindo um relatório no trabalho, esqueça as outras preocupações para se concentrar inteiramente no que faz. É fácil iniciar dez coisas ao mesmo tempo, mas, sem concentração, você não concluirá bem nem sequer uma delas.

Com concentração e atenção, você não apenas terá mais detalhes a apreciar durante o dia, mas também descobrirá que o tempo se dilatou, em lugar de fazê-lo sentir-se acuado, sempre com pressa ou em pânico. Quando você se concentra numa única coisa por vez, acaba fazendo muitas e as minúcias irrelevantes da vida vão aos poucos ocupando menos espaço porque, então, você tem consciência do que verdadeiramente importa.

"Ao beber água, pense na fonte." – Provérbio tibetano

Aprenda a ver e esperar. As emoções vêm e vão como ondas na praia; portanto, se você prestar atenção a elas, descobrirá sua origem e, também, que são passageiras como tudo mais. Se estiver triste ou mesmo sofrendo muito, não se apegue à dor, deixe-a diluir-se enquanto um amigo o consola ou o faz rir. Deixar que a emoção suba ou desça suavemente não é errado; errado é tentar forçá-la num sentido ou no outro.

Geralmente, vivemos num mundo materialista, no qual se enfatiza exclusivamente o intelecto: que pensamos disto, que pensamos daquilo? Porém é uma boa ideia lembrar-se de todos os seus outros sentidos ao longo do dia, sempre que puder. Coma devagar, apreciando cada bocado, cada sabor. Sim, pare para aspirar o perfume das rosas e olhe ao seu redor, para as pessoas que conhece, para os estranhos que passam – como está o mundo hoje?

Se você prestar atenção, poderá fazer ao seu eu qualquer pergunta que quiser, por mais difícil que seja; e obterá a resposta.

II

Siga o seu caminho

"Se estivermos no rumo certo, tudo o que teremos de fazer é continuar andando." – Buda

Primeiro é necessário ter a intenção de praticar alguma coisa nova – neste caso, por exemplo, viver uma vida de compaixão. Entretanto, muitas pessoas esperam meses ou anos para agir segundo esse propósito. Têm boa motivação, mas não sabem ainda como transformar seus pensamentos em atos, como inseri-los no cotidiano. Acham que podem começar mais tarde, esperar um pouco. Pensam "Vou tentar praticar", mas não *fazem* nada. Falar é fácil, mas suas ações é que mostrarão se você melhorou ou não.

Talvez imaginemos poder ver no futuro: *Em cinco anos, terei mais tempo, meus filhos estarão crescidos e poderei então praticar.* Esse é o nosso plano. Contudo, na maior parte do tempo, nossa vida não obedece ao que planejamos, por isso, devemos começar a praticar aqui e agora, sem perder um minuto. No momento em que descobrir alguma coisa, mergulhe nela de corpo e alma. Não se pergunte "Que preciso fazer?". Apenas seja você mesmo, vá em frente e pratique de coração. Se achar difícil, ótimo; é mau sinal sentir-se à vontade o tempo todo. Se as coisas o desafiam e você encontra alguns obstáculos, isso quer dizer que realmente está agindo, que está alerta e consciente. *Seu coração começa a despertar.*

Desenvolva uma mente compassiva

"Somos o que pensamos.
Tudo o que somos nasce dos nossos pensamentos.
Com os nossos pensamentos, fabricamos o mundo.
Fale e aja com mente pura
e a felicidade te acompanhará
como uma sombra perene." – Buda

Desenvolver a mente é uma ótima coisa; isso o mantém interessado na vida, curioso e apaixonado, desejoso de aprender a cada dia, empenhado em expandir-se e crescer. Você executará tarefas com concentração e lucidez, envolvendo-se nelas plenamente, mas sabendo também a hora de relaxar e serenar a mente, contemplar as nuvens que passam ou fitar maravilhado as estrelas.

Se estiver com fome, a comida o inspirará e você irá apreciá-la ainda mais. Sentirá seu aroma: "Uau, isso parece bom, vamos ver o que está sendo preparado." O mesmo se aplica à mente: você precisa ter fome de inspiração e conhecimento. Depois, quando souber o que deseja fazer, concentre nisso sua mente e não permita que ela se desgarre. Reflita, decida e aja: é assim que se treina a mente para viver a vida que de fato se quer ter. Uma mente distraída, sem rumo e dispersa o manterá longe do caminho, seguindo seus pensamentos desencontrados; uma mente inspirada e atenta o ajudará a avançar sem percalços, com energia e segurança, permitindo-lhe concentrar-se no que escolher.

A calma, mesmo por alguns minutos, lhe dá a chance de apreciar a vida. Mostra-a de um modo que você realmente a veja. Agora, sepultamos nossa percepção sob um peso enorme de pensamentos atarefados; eles nos controlam, corremos em seu encalço e não conseguimos ficar quietos, nem mentalmente nem fisicamente. Entretanto, com um pouco de serenidade, nossos pensamentos se tornam mais amistosos. Atendem às nossas esperanças e nos ajudam a encontrar soluções; *o caminho*. Criam uma abertura, um espaço no qual podemos ser nós mesmos e ver o mundo com uma compreensão mais profunda.

"As distrações se dissipam como nuvens no céu." – Milarepa

A condição natural da mente é a acuidade e a lucidez: a isso os budistas chamam "Buda", nossa palavra para "iluminação". Não tem a ver com nenhuma religião, nem mesmo com o budismo; significa a Verdade Universal. Se você julga ou acredita que o Buda existe no mundo exterior, separado de nós na forma de estátua ou coisa parecida, então o aconselho a adotar uma abordagem diferente e reconhecer que o Buda é uma realidade interior.

Há dois estados mentais de Buda: um é a mente pura ou "inspirada", que ilumina nossa vida e nos mostra que podemos realmente fazer a diferença, tornar o mundo melhor da maneira que nos convenha. Contudo, sem uma mente inspirada, como conseguir isso? O segundo é a mente realizada ou "prática", isto é, a postura que você assume quando resolve ser bom e fazer o bem a seus semelhantes.

Por enquanto, ainda não conhecemos a natureza de nossa própria mente e precisamos trabalhar para conhecê-la. Às vezes, lemos ou ouvimos sem captar muita coisa; as frases apenas passam por nossa cabeça e se diluem. Não *conhecemos* sequer nossos pensamentos. Entretanto, quando começamos a respeitar e entender a nós mesmos, tornamo-nos mais permeáveis ao que nosso cotidiano e nossas experiências nos ensinam. Reparamos nos mínimos detalhes e tudo parece ficar muito mais claro. As lições do dia a dia só começarão de fato a ser absorvidas quando abrirmos nosso coração e nossa mente.

A promessa

Ao aperfeiçoar sua atenção, a principal atitude será sempre ter em mente a promessa singela de ajudar os outros. Isso manterá sua motivação pura e lhe apontará o caminho certo. Pessoas diferentes devem ajudar de diferentes maneiras. Na filosofia budista, existem três motivações principais. A primeira consiste em desejar a iluminação "em benefício de todos os seres". Essa pessoa é então considerada *habilidosa*, um líder e um criador de tendências que tenciona evoluir e usar seus talentos para dar felicidade aos outros ou amenizar-lhes os sofrimentos.

A segunda motivação é a do "pastor", que ajuda seus semelhantes a alcançar a iluminação e, consequentemente, alcança-a também, como o pastor que encontra para o rebanho um local seguro onde todos podem descansar. É alguém muito *dedicado*, com um alto grau de compaixão e ternura.

"Quem salva uma vida salva o mundo inteiro." – Provérbio tibetano

A terceira motivação é a de quem deseja alcançar a iluminação ao mesmo tempo que os outros – com eles, não antes deles. Dizemos que essa é a atitude do "navegador", porque se parece com a dos marinheiros. Esses, ao perceberem a iminência de uma tempestade, fazem de tudo para cruzar o mar junto com seus passageiros. Não acham que devem ir primeiro e depois buscar os passageiros nem pôr esses na frente e ir em seguida. Insistem em que todos façam a travessia ao mesmo tempo.

Em que tipo você se enquadra? Pretende aperfeiçoar suas habilidades e conhecimentos de modo que possa ajudar de alguma forma os semelhantes? Ser uma pessoa solidária e dedicada, que recorra a esses atributos para proteger ou instruir os outros? Ou atuar como um jogador de equipe empenhado em contribuir para alguma coisa maior que a soma das partes?

Pensar num modo de oferecer uma ajuda mais eficiente é um bom passo ao longo do caminho porque, quase sempre, tendemos a nos ajudar primeiro. Mesmo quando beneficiamos o próximo, muitas vezes esperamos alguma coisa em troca. Isso é perfeitamente natural, pois não passamos de principiantes no caminho, mas devemos sempre vigiar nossa mente e nossas motivações; se elas são positivas, positiva será também a energia que enviaremos aos outros.

"Com os nossos pensamentos, construímos o mundo." – Buda

A mente, como qualquer outra coisa, precisa de cuidados para funcionar bem. Se, por exemplo, você compra um carro novo, impecável, mas usa-o sem fazer sua manutenção, ele vai se deteriorando dia após dia. É preciso vistoriar os freios, o nível de óleo e o motor de vez em quando. O mesmo acontece com a mente: ela tem de ser vistoriada diariamente. Se você não fizer a manutenção de seu carro, ainda que ele pareça conservado por fora, não terá o mesmo desempenho de antes. Se nos preocuparmos o tempo todo com o corpo e ignorarmos a mente, sem repará-la quando necessário, ela escapará ao controle. E uma mente descontrolada torna a vida um caos. Mente nervosa contamina tudo com nervosismo. Em vez de se omitir, dê a você mesmo a chance de captar a mensagem, a lição transmitida por sua mente. Assim, se cuidarmos de nossa mente com regularidade, não nos deixaremos envenenar pelo apego, a raiva, a ignorância, o desânimo, o orgulho e a inveja. Permaneceremos atentos.

A mente inspirada

Estamos todos neste mundo para nos inspirar uns aos outros e conduzir nossa mente rumo à iluminação. Quando inspirados, criamos um grande espaço. A inspiração abre nosso coração, então, naturalmente, decidimos fazer coisas pelo bem dos outros; ou seja, agimos com compaixão. Ao aprimorar a mente, relaxamos, observamos o que nos motiva, nos chama atenção e nos inspira na vida diária. Descobrimos aonde queremos ir na vida, determinamos nosso rumo.

Quando nos falta inspiração, o contrário é quase sempre verdadeiro: sentimo-nos paralisados, sem saber que caminho tomar. Nessas circunstâncias, você conclui que não tem tempo para contemplar o mundo à sua volta e, assim, deixa escapar muita coisa que poderia inspirá-lo. Sem inspiração, como nos sentiremos motivados a fazer algo que valha a pena? As desculpas vão se acumulando. Quando nossa mente se transforma num torvelinho tumultuado, não sobra espaço para respirarmos e nós, literalmente, não conseguimos pensar com acerto. Portanto, é um excelente começo reservar alguns minutos todos os dias para observar e contemplar a maravilha do mundo. Então, você aos poucos descobrirá ou redescobrirá o que verdadeiramente o motiva e lhe dá um senso de propósito. Abra sua mente, abra seu coração e descubra suas conexões.

> *"Deves saber a que porto te diriges a fim de aproveitar o vento que para lá te há de conduzir."* – Lúcio Aneu Sêneca

A inspiração funciona como um estímulo e é uma grande bênção. Quando você se sente motivado, nenhum problema constitui obstáculo à sua prática, qualquer que seja ela. Obstáculos aqui e ali não o deterão, pois você está destinado a ser um herói. Na verdade, já é. Por quê? Porque se tornou uma pessoa forte, poderosa, estimulada, inspirada.

Uma ótima maneira de fazer isso é por meio da meditação; vou mostrar-lhe como começar. Fico muito feliz pelo fato de os ocidentais gostarem de meditação, que considero excelente para a prática espiritual. Ela nos dá discernimento e sabedoria, que são antídotos do ego. O discernimento que, com a prática, adquirimos por meio da meditação é totalmente isento das costumeiras construções artificiais com as quais vemos a nós mesmos e à nossa vida. Podemos começar a excluir todas as condições que geralmente impomos às palavras e aos atos, compreendendo que o importante é a ação, e não o resultado.

> *"A ação, não o fruto da ação, é que importa. Faça a coisa certa.*
> *Talvez não esteja em seu poder que haja frutos e talvez o momento não seja oportuno. Mas isso não implica que deva renunciar a fazer a coisa certa.*
> *Pode até ser que nunca venha a conhecer os resultados de seus atos.*
> *Mas, se não fizer nada, não haverá resultado nenhum.*
> – Mahatma Gandhi

Existem dois tipos de meditação: a analítica, que exige o emprego do raciocínio para compreender a natureza básica do mundo, e a sentada, na qual serenamos a mente permanecendo no aqui e agora, sem nos analisarmos. Você só precisará tomar consciência de si próprio e não permitir que a mente se disperse.

A meditação nos acalma e controla nossas divagações. Sentados imóveis, podemos começar a investigar e descobrir nosso próprio caminho. Há inúmeras maneiras de chegar até ele, mas todas apontam na mesma direção. Portanto não procure indagar em que "nível" se encontra no momento; apenas pratique e o tempo lhe dirá. Não precisa realmente se preocupar com isso.

Há meditação formal e informal. Acho a informal, no começo, mais benéfica e até mais consistente. Na meditação formal, espera-se que não pensemos em "nada" – e isso, para ser franco, é extremamente difícil. Podemos ficar sentados em silêncio, mas na verdade gastar muito tempo fingindo que estamos meditando e, ao fim, perder a consciência de nós mesmos. Já não sabemos o que acontece à nossa volta e nossa mente se desgarra, vagando para longe.

Na meditação informal, atentamos para as ideias e empregamos o tempo na contemplação. Por exemplo, olhando para o sol nascente, refletimos sobre a transitoriedade e a força do momento atual; ou, examinando as pessoas, concluímos que estamos todos no mesmo barco e, no fundo, somos uma coisa só. Esse tipo de meditação é, na realidade, uma familiarização. Familiarizamo-nos com o que nos cerca, com o que estamos fazendo no momento – por exemplo, um chá nas primeiras e tranquilas horas da manhã. É muito importante que nos examinemos, investiguemos nossas falhas e tentemos minimizá-las desenvolvendo boas qualidades e boas motivações.

> *"É maravilhoso ficar sozinho num jardim, ao amanhecer ou ao entardecer, para que suas esquivas presenças nos assombrem e nos possuam num devaneio em que todos os pensamentos ficam suspensos."*
> – James Douglas

Tudo pode ser objeto de meditação. Podemos começar analisando a compaixão, a inspiração, a devoção, o amor verdadeiro, etc. Podemos até mesmo meditar de maneira totalmente informal em nossa vida diária – no trabalho, por exemplo. Nessas ocasiões, convém observar como reagimos em presença de determinadas situações para descobrir quais ensinamentos podemos colher delas. É possível encontrar, no dia a dia, exemplos concretos de conceitos como compaixão e apego porque, quando percebemos a importância desses fatores em nosso próprio cotidiano, eles se tornam bem mais significativos e próximos de nós do que certos ensinamentos vagos, que parecem em si muito bons, mas nada têm a ver com o mundo real.

Muitas vezes, ficamos presos aos nossos próprios desejos em vez de prestarmos atenção ao que ocorre à nossa volta. Porém, quando começamos a reparar nos detalhes do mundo, passamos a descobrir objetos e pessoas que nos motivam, que nos inspiram. Não precisa ser nada de muito grande, apenas algo que realmente nos chame atenção. Qualquer incidente, ideia ou aparência deve ser considerado um autêntico ensinamento – e de um tipo cem ou mil vezes mais útil que a educação formal, especialmente no que diz respeito ao progresso rápido do nosso conhecimento. Sempre que possível é muito melhor, penso eu, extrair lições daquilo que acontece à nossa volta.

Inicie essa prática procurando, simplesmente, familiarizar-se com aquilo que o cerca. Reserve um tempinho para ela no começo e, aos poucos, vá incorporando-a ao seu dia a dia. Digamos que você esteja num trem, debruçado sobre um jornal enfadonho (é o que quase sempre fazemos). Prefira, em vez disso, observar melhor os detalhes, as pessoas interessantes e as paisagens a que nunca prestou atenção. Ah, e sempre haverá uma velhinha de pé que lhe agradecerá muito por você lhe ceder o assento: se estiver lendo seu jornal, você nem reparará nela.

Em meu caso, a contemplação me ajuda bastante a relaxar. É como nadar num oceano profundo. Obtenho paz de espírito, o que constitui uma verdadeira bênção e demonstra que a mente interessada está de fato funcionando. Não sou muito ligado a bênçãos em termos sensuais, mas por meio da contemplação consigo perceber que elas são bem reconfortantes e intensas. Em tais momentos, só de olhar em volta me sinto inspirado, e isso acontece de maneira quase espontânea.

Quando você estiver examinando atentamente o que acontece ao seu redor, procure meditar também sobre sua própria situação, seus altos e baixos. Não há motivo para esconder isso de você mesmo ou ignorar seus sentimentos; assuma-os para poder estudá-los com atenção e deles extrair possíveis lições. Isso nem sempre é tão fácil quanto parece: há tantas camadas de ego e incompreensão com respeito a nós próprios que, não raro, achamos mais fácil tentar nos enganar. Você tem de revelar seus segredos a si mesmo e analisá-los por diversos ângulos.

Por exemplo, se você está receoso ou ansioso com relação a alguma coisa, então não se desdenhe achando que é tolo, preocupado demais ou fraco. Investigue o que está por baixo desses sentimentos, suas causas, e veja se consegue encará-los de uma perspectiva mais otimista. Sim, você está com medo; mas se teme que algo dê errado, isso quase sempre significa que tem diante de si uma oportunidade excitante de agir proveitosamente. Se você receia que alguma coisa não irá durar, poderá voltar ao presente e recuperar sua inspiração, em vez de se ater ao medo de perdê-la?

"A imaginação cura o caos do coração." – Provérbio tibetano

A meditação e a contemplação são instrumentos valiosos para romper ciclos negativos; utilizando com empenho sua mente, você consegue ver uma situação por um novo prisma ou extrair lições dos desafios diários. Se você se ouvir dizendo, "Ah, de novo!" ou "Por que isso sempre acontece comigo?", dê um tempo a si mesmo para respirar fundo e raciocinar com mais clareza, pois talvez descubra que não precisa seguir o mesmo padrão continuamente, mas pode encontrar inspiração para tomar outro rumo. Graças a essa prática, você acalmará a mente irrequieta, errante, e controlará as distrações que todos temos e que quase sempre ocupam muito espaço dentro dela. Em vez de passar em revista todas as possibilidades negativas de uma dada situação, você se sentirá grato por se achar onde está no momento presente.

Li vários textos sobre compaixão e amabilidade. Segundo eles, a pessoa deve ser compassiva para consigo mesma a fim de, em seguida, sê-lo para com os outros. Você precisa se dar uma pausa, adquirir mais paciência e tolerância. Em minhas palestras, costumo recomendar "pense nos outros primeiro", como um curto lembrete da motivação que sempre existe por trás da preocupação das pessoas consigo mesmas. Assim, não ficamos presos ao nosso ego e lembramo-nos de que, cuidando de nós mesmos, fortalecemos mais nossa motivação verdadeira, que é a de cuidar dos outros.

"Preencha sua mente com compaixão." – Buda

A mente sem raízes

Devemos reconhecer que a mente não tem raízes. Se deixarmos que ela se enraíze, cairemos na armadilha de sempre pensar segundo os mesmos padrões. Dizemos a nós mesmos que só seremos felizes em certas condições: o tempo tem de estar bom, nem frio nem quente, devemos saborear uma ótima refeição e nos divertir. Porém, quando essas condições mudam, nossa mente fica infeliz e mesmo enraivecida. Nossa personalidade se altera num piscar de olhos. Se você está faminto, sua mente se irrita. Horas antes, você se sentia alegre e, de súbito, toda a alegria se foi. É fácil deixar que fatores externos governem nossa mente. O ego se perturba por qualquer coisa. Pior ainda: a mente se apega a visões e atitudes rígidas quando o permitimos.

No entanto, quando conseguimos ensinar a mente a ser mais descontraída, tornamo-nos mais maleáveis aos fatores externos e à transitoriedade. Isso não quer dizer que não tenhamos nosso próprio rumo, mas convém às vezes nos abandonarmos ao fluxo. Devemos reconhecer que elaboramos uma versão da realidade por meio da percepção e da interpretação; que nada é fixo e que os outros podem ver as coisas diferentemente de nós. Por exemplo, você pode achar determinada coisa muito bonita; ela é atraente aos seus olhos, mas talvez não aos olhos de outras pessoas. Pode ser uma criatura humana, uma pintura ou uma casa. Não importa o que seja, trata-se de uma criação da *sua* mente e, por isso, ninguém mais é obrigado a pensar da mesma maneira. Cada qual fabrica sua própria realidade, e reconhecer isso é uma atitude que pode nos tranquilizar bastante.

Talvez pareça contraditório, mas, se você aceitar que a mente é fluida e não tem raízes, começará a domá-la. É desconcertante, sem dúvida, pensar na mente como algo que não tem raízes, pois na vida costumamos buscar aquilo que nos estabilize e corresponda às nossas ideias. Temos uma personalidade mental: o modo como julgamos o mundo e as pessoas à nossa volta, nossos pontos de vista, nossos filtros e nossas lentes. Todavia, de um ângulo positivo, se a mente não tem raízes, então o potencial dela é enorme, equivalente à liberdade absoluta. É a chave que abre as portas da compreensão, da compaixão – de tudo.

Por meio da meditação, domamos a mente sem raízes, mas não a imobilizamos. Estimulamos a lucidez e a concentração, mas não a impedimos de fluir livremente, apontando-nos o caminho certo. Assim, você determinará com mais nitidez seu objetivo e aquilo que o inspira, tornando-se, portanto, mais capaz de descobrir como chegar lá e o que precisa fazer hoje. É como uma arca do tesouro: graças a uma compreensão melhor de você mesmo e à aceitação do que é, poderá abrir a tampa e apossar-se de tudo o que houver lá dentro.

Não recomendamos tentar deter ou evitar os pensamentos durante a meditação. Sim, os pensamentos são elaborações artificiais e queremos conhecer gradualmente nossa natureza, mas é muito difícil não pensar em nada, e você talvez acabe por fingir ter esvaziado a mente quando ela na verdade continua cheia. Nossa recomendação é: deixe que os pensamentos surjam e depois, sem forçar, que desapareçam. Não lhes dê atenção, apenas tome nota de sua presença e permita que se dissipem. Sua mente é como uma criança barulhenta: se você deixá-la perceber que se preocupa com ela, ela por si mesma sossegará. Para isso, você precisa de paciência, e o mesmo acontece com a mente: no fim, queixas e exigências acabam por silenciar. Pensamentos virão – positivos ou negativos, não importa –, mas partirão. Deixe que isso aconteça sem interferir. Aos poucos, sua mente descansará por si mesma e você terá paz de espírito.

Meditação: primeiros passos

- Dispor de um lugar tranquilo para a contemplação diária pode ser muito útil, especialmente no caso dos principiantes. Assim, durante a prática, distrações e ruídos externos não o perturbarão demais.
- Sentar-se na postura certa, com as costas retas, desobstrui o corpo e reforça o senso de equilíbrio.
- Os olhos devem estar relaxados e ligeiramente fixos num objeto à sua frente. Eles são muito sensíveis e às vezes exercem controle direto sobre a mente. Se você ficar olhando em volta, movimentando-os, a mente ficará ocupada e dispersa. Assim, a postura dos olhos é importante e, se você conseguir baixá-los um pouco, isso lhe trará ainda mais serenidade. Muitas pessoas julgam que, para meditar, é necessário fechar os olhos. Nós, porém, recomendamos a meditação com eles abertos porque, se você os fechar, sem dúvida, se sentirá bem por algum tempo, livre de distrações, mas, quando abri-los, ficará mais perturbado que o normal. Também poderá surgir um contraste entre o conteúdo da meditação e o mundo real, quando na verdade o que se pretende é inserir a meditação no cotidiano, ou seja, sincronizar os dias e as noites com o estado mental meditativo.
- Você deve iniciar a prática concentrando-se na respiração e depois no resto do corpo.
- Para muitas pessoas, o problema é "pensar demais". Se você sentir sua cabeça fervilhando de pensamentos dispersos e não conseguir se concentrar em nenhum deles, procure fazer com que o foco incida na respiração lenta. Aos poucos, vá afastando os pensamentos para o lado e deixando no centro o que é realmente importante: aquilo em que, de fato, deseja se concentrar.
- Ao refletir sobre os acontecimentos do dia, pergunte a si mesmo se alguma emoção "violenta" o dominou: sentiu-se frustrado ou colérico, aborrecido, teve ciúme ou ganância? Se uma dessas

emoções ocupou parte do seu dia, analise-a agora que está calmo e sentado tranquilamente. Revolva-a na cabeça e tente descobrir o que poderá aprender com ela ou se é possível transformá-la num sentimento positivo. Observe os detalhes e veja como também eles são transitórios.

- Continue por mais alguns minutos. Recomendamos que medite por períodos curtos, mas com empenho, e não por períodos longos sem a necessária concentração. A meditação desatenta cria maus hábitos, portanto é melhor meditar com lucidez e acuidade, mesmo que por pouco tempo no início.

Não deixe que a quietude o assuste. Vivemos rodeados por tantas distrações e tantos ruídos no dia a dia da vida moderna que às vezes é um verdadeiro desafio reservar alguns minutos para ficar em silêncio e não fazer nada. Ostentamos nossa postura atarefada como um distintivo de honra; raramente temos tempo para comer ou tomar uma xícara de chá, quanto mais para observar o que acontece em nosso cotidiano. No princípio, você talvez se sinta um pouco agitado e irrequieto, como se não conseguisse parar sentado. Mas alguns minutos em sua cama confortável, aquecido e livre de distrações, ajudarão bastante. Permitir que a mente se acalme e diminua o ritmo é a melhor recarga de energia que você pode lhe proporcionar. A clareza de ideias começa então a voltar e você consegue se concentrar melhor ao longo do dia. Decisões que achava difíceis ou complicadas ocorrerão num piscar de olhos quando você se conhecer e descobrir o que realmente quer da vida. Você aprenderá a ouvir seu coração – e seu senso do tempo se dilatará e se estenderá, não mais fluindo às carreiras, mas a passo contido, permitindo-lhe viver cada momento.

Procure relaxar e instalar-se num estado mental amplo, não artificial. Conceda-se um pouco de repouso. Fique lá, pura e simplesmente, e observe o que acontece. Esse é, sem dúvida, um bom começo. Endireite a coluna e descontraia-se. Não tente fazer nada, apenas *seja* por alguns minutos.

Tanto quanto reservar parte do dia para a contemplação, praticar atividades físicas também pode serenar sua mente e dar-lhe uma sensação de relaxamento profundo após, se não durante, a meditação. Fazer uma caminhada vigorosa, correr ou malhar, sobretudo numa academia ou com música, significa investir todo o esforço no corpo, dando assim à mente um descanso e um período de recuperação bem-vindos. Muitas vezes, soluções se apresentam espontaneamente para problemas de trabalho que pareciam insuperáveis no escritório; elas sempre estiveram ali, sucede apenas que agora você deu à sua mente a oportunidade de refletir com clareza, deixando-a repousar do tumulto diário.

A mente prática

Depois de desenvolver a mente inspirada ou interessada, você poderá começar a trabalhar com a mente prática. Assim, conseguirá se concentrar realmente, tomar decisões e usar sua energia mental e seu entusiasmo para agir e ir em frente. É na mente prática que se cultivam também, por exemplo, as atitudes de generosidade, paciência e humildade que queremos transformar em ações.

É importante desenvolver primeiro a mente inspirada para que a motivação da prática não seja egoísta. Sem isso, muitas vezes, o ego se atravessa em nosso caminho. Por exemplo, ao praticar um ato generoso, você pode dar pouco e esperar alguma coisa em troca. Ou sentir-se bastante decepcionado se não ganhar nenhuma recompensa. Você impõe restrições à generosidade e só se mostra paciente com as pessoas de quem gosta! Quando a mente está de fato inspirada, a motivação exclusiva é dar, sem restrições.

Praticando, você pode recorrer à meditação para avaliar o que está fazendo, mentalmente e nas ações do dia a dia. Pode descobrir se está evoluindo ou não, se sua compaixão e sabedoria aumentaram ou não. Dissecando pensamentos e experiências, conseguirá perceber quais situações ou pessoas, em sua vida, são certas ou erradas para você. Procure observar suas experiências com o coração; tudo o que existe de positivo ou negativo está dentro de você, não lhe é dado pelos outros, apesar das aparências em contrário.

Agora você está exercitando a parte de sua mente que lhe facultará uma atitude realmente firme para fazer o bem com base naquilo que o inspira. Como sempre, uma coisa sem a outra nunca é boa. Cuidar de si mesmo sem cuidar dos outros não é bom, nem cuidar dos outros sem cuidar de si mesmo. Toda moeda tem duas faces. Use a mente inspirada para encontrar seu caminho e faça seus planos; depois, intensifique o poder da mente prática para que ela concretize esses planos e vá em frente.

Como viver sozinho mentalmente

A solidão é algo temível para muitas pessoas, no entanto, a capacidade de viver sozinho – independente dos demais – dá prova de muita força e competência. Graças a essa força, você se sentirá ainda mais feliz em seus relacionamentos, pois não haverá laços de dependência, mas, sim, uma livre fruição.

Se você aperfeiçoar sua mente por meio da contemplação, apefeiçoará também sua capacidade de viver sozinho, mental e fisicamente. Certas pessoas acham difícil ficar sentadas, quietas, por cinco minutos; que dizer então de explorarem seus pensamentos e sentimentos? Porém retirar-se de vez em quando do tumulto da vida, sentar-se num parque durante algum tempo para admirar as borboletas, aprender a arte da quietude e da atenção, isso tudo lhe trará um senso profundo de extrema confiança.

Não se force a permanecer sozinho: vá devagar. Algumas pessoas, mesmo refugiadas nas montanhas, continuam com a mente na cidade, incapazes de fugir à balbúrdia. Portanto, comece sem pressa, alguns minutos de cada vez, num lugar tranquilo e relaxante *para você* – que pode ser o parque, o sofá da sala ou a montanha.

"Muitas pessoas são tão felizes quanto decidem ser." – Abraham Lincoln

Aja com amor e bondade

"Guarde bem dentro de você este tesouro: a bondade. Aprenda a dar sem hesitar, a perder sem lamentar, a adquirir sem lesar." – George Sand

Há quem tenha medo de amar a si mesmo, achando que isso, de certo modo, é egoísmo ou indulgência. Contudo, para ter compaixão dos outros é preciso antes amar a si próprio. Não estou insinuando que você deva alimentar seu ego, mas, sim, que deva contemplar sua vida e suas motivações para descobrir quão preciosa é a vida. Depois de se conhecer, você saberá que seus semelhantes têm exatamente os mesmos sentimentos, constatação que lhe dará boas razões para ser bondoso com eles. Quando aprender a enriquecer sua própria vida, descobrirá como cuidar do próximo. Essa é uma atitude muito criativa e positiva a assumir; chamo-a de *devoção*. Sim, você pode se tornar uma pessoa bondosa e devota! Entretanto, se não soubermos nos amar verdadeiramente, é lógico que não saberemos amar os nossos semelhantes.

"Você, como qualquer outra pessoa no universo, merece seu amor e afeto." – Buda

Mas o que vem a ser o amor, realmente? Quando o entendemos e sentimos, a vida se torna colorida. É fácil pensar no amor como algo que tem mais a ver com o ego do que com o afeto verdadeiro. É fácil interpretá-lo como luxúria, desejo ou ânsia. Porém o amor, na realidade, é compreensão. Se você compreender uma pessoa e tiver compaixão por ela, fará de tudo para ajudá-la ou ser-lhe agradável, incondicional e autenticamente. Todos nós sabemos, no íntimo, reconhecer o amor, porque já o experimentamos antes, talvez não nesta vida, mas em outra.

Pense num instante de amor em sua vida, dado ou recebido, que foi totalmente isento de egoísmo. Absorva essa imagem, juntamente com os sentimentos e o calor humano que a envolveram. Abra o coração para esses sentimentos de amor incondicional, pois isso o tornará propenso a experimentá-los mais vezes no dia a dia.

Para fazer o bem aos outros, você precisa ter algo a compartilhar. Portanto, antes de tudo, precisa ser feliz – para dividir a felicidade. Isso é amor. Algo a compartilhar. Sua prática consiste em dividir, doar. Se você desenvolver sua compaixão, acumulará uma enorme quantidade de felicidade que, então, poderá partilhar! Seja, pois, sorridente, bondoso e solícito. Essas qualidades têm de vir do coração – e o coração tem de estar feliz. Se você é feliz, seu riso é espontâneo, franco. Você é automaticamente bondoso e solícito quando se sente feliz, dividindo seu sorriso e seu brilho.

Compaixão

Às vezes, me parece que a palavra "compaixão" soa excessivamente religiosa no mundo moderno, mas gosto de falar sobre ela porque, na verdade, se refere a uma coisa muito boa. Compaixão é *compreensão perfeita*. É a mãe ou o pai, a essência da iluminação. O Buda nasceu da compaixão e da bondade. Se eu sou compassivo, dou-lhe aquilo de que precisa, na medida do possível e sem condições. Não vou prendê-lo, vou deixá-lo livre e não esperarei nada de você.

Todas as atividades benéficas provêm da compaixão, seu alicerce. Por cima, podemos edificar a noção de amor, de bondade – de tudo. A compaixão move o universo, as pessoas, seus amigos.

Para compreender realmente a compaixão, você precisa primeiro senti-la em relação a você mesmo. Jogue fora os rótulos que usa – aos quais chamo de "ideias quadradas". Pense em suas necessidades genuínas. Nada está escondido, nada é secreto, todas as coisas são transparentes. Se você entender em profundidade sua natureza, então se sentirá feliz consigo mesmo, contente por ser o que é. A compreensão lhe proporcionará imensa felicidade e uma base sobre a qual poderá construir a bondade e o amor genuínos. Ela lhe dará uma liberdade que depois poderá partilhar com seus semelhantes – um dos melhores dons que existem.

Durante uma palestra, um de meus alunos me perguntou: "Se eu cuidar dos outros, quem cuidará de mim?" Percebe-se que começava a se preocupar consigo mesmo. A pergunta é interessante. Porém, na verdade, a melhor maneira de cuidar de você é cuidar dos outros. É assim que funciona, embora muitas vezes achemos difícil fazer isso ou até aceitar tal abordagem. Queremos, nós mesmos, cuidar de nós. Dessa maneira, aprendemos a cultivar o ego, a sobreviver: a sobrevivência dos mais aptos. No entanto, em minha opinião, não é isso realmente o que desejamos ser.

O medo e a vulnerabilidade – tanto quanto o amor – são sentimentos naturais. O medo é um aliado do ego continuamente tentando manter o *status quo*, as coisas em seus devidos lugares e exatamente como sempre foram. Não quer saber de possibilidades novas e desconhecidas. Vista por esse prisma, a vulnerabilidade pode mesmo ser uma coisa muito boa. Ela reconhece que o futuro é incerto, o que pode ser considerado muito honesto, muito humano. Se, com o tempo, aprendermos a aceitar que somos vulneráveis, teremos menos probabilidades de colocar obstáculos à manifestação do amor verdadeiro. A maneira como definimos ou encaramos o amor reflete a nossa autoimagem. Muitas pessoas se descrevem assim em termos de amor: "Jamais conhecerei o amor"; "No fim, levo sempre um fora"; "Gostaria apenas de ser amado". Esses são os padrões de pensamento que o ego cria para nos manter onde estamos, enredados em nossas crenças. Ou então encontramos o amor, mas logo começamos a ficar com medo de perdê-lo ou achamos que não é tão perfeito assim. Tentamos controlá-lo; porém, tentar controlar o amor significa que ele não é verdadeiro. Amar é ser livre; é aproveitar uma oportunidade.

Bondade e respeito

Se conseguirmos desenvolver o respeito mútuo, a bondade florescerá naturalmente. Para mim, essa é a beleza da espiritualidade, seu elemento principal. Hoje, não facilitamos muito para nós mesmos o trabalho de cultivar o respeito e a bondade. O mundo está organizado de tal maneira que somos pressionados o tempo todo a consumir de tudo; cortamos, num piscar de olhos, árvores que talvez tenham levado décadas ou mesmo séculos para crescer, apenas para extrair delas um pouco de energia. Criamos animais para satisfazer um apetite cada vez mais voraz por carne, em vez de viver ao seu lado comendo alguns ovos e bebendo um pouco de leite. Elaboramos um padrão pelo qual usamos e abusamos uns dos outros para abrir nosso próprio caminho. Com efeito, ensinaram-nos a ser egoístas com base no temor de que ficaríamos para trás enquanto os mais espertos tomariam posse de tudo.

A meditação e a contemplação ajudam-nos a compensar essa atitude e a desenvolver, pouco a pouco, nosso desprendimento. Não creio que a maioria das pessoas ache correto o modo como andam as coisas. Não é bom passar na frente dos outros, embora, às vezes, seja difícil saber o que mais poderia ser feito. À medida que desenvolvemos nossa mente compassiva, ganhamos confiança para tentar um caminho novo, reconhecendo que mostrar respeito e bondade vale muito mais que insistir em ser sempre o número um, o melhor.

O filósofo e mestre budista Nagarjuna disse que a compaixão é como a "água necessária à colheita". Precisamos dela quando preparamos a terra, quando as plantas estão crescendo e mesmo quando já estão floridas. Do mesmo modo, a compaixão é necessária ao principiante no momento em que inicia a jornada e também depois, ao longo do caminho. Compaixão e amor verdadeiro são imprescindíveis no começo, no meio e no fim.

O QUE O AMOR SIGNIFICA PARA VOCÊ?

Procure explorar todos os seus sentimentos englobados na palavra "amor". Alguns serão mais alegres, outros, mais tristes ou sofridos. Não recomendo que você se contente com a infelicidade, mas, sim, que a aceite e depois se afaste dessa velha maneira de sentir. Tudo pode acontecer hoje e amanhã, portanto não se rotule, mas procure aprender algumas lições e se dê a chance de melhorar.

Nosso caminho na vida se origina de uma causa e, ao mesmo tempo, *é* a causa. O importante é que seja um caminho semeado de compaixão. Tudo o que fizermos e tudo o que dissermos deve provir da compaixão e do amor, não do ego ou das atitudes mesquinhas. As ideias que estou lhe sugerindo neste livro são para inspirá-lo a, primeiro, desenvolver sua compaixão e, depois, pô-la em prática. Nada mais simples (nem mais difícil). De fato, nenhum Buda chegou à iluminação sem praticar: o caminho é também a prática. Mesmo sendo principiantes, devemos agir, fazer um pouquinho a cada dia – enfim, praticar.

Se você quiser, poderá trazer ao mundo harmonia, felicidade, compreensão e iluminação. A iluminação talvez esteja um pouco longe ainda, mas mesmo assim não lhe custará partilhar seu calor humano com os semelhantes: a compreensão nos torna mais sensíveis. Conhecemos as pessoas com quem gostamos de estar porque seu convívio é agradável, estimulante e pacífico, ao passo que as outras nos parecem frias, e tocá-las é como tocar gelo. Conviver com essas pessoas não o faz se sentir bem porque elas não têm a coragem de amar a si próprias e, portanto, não podem partilhar nada.

Se você não consegue ver uma pessoa ou situação de maneira compassiva, tente se colocar num ângulo diferente. Não há por que insistir nos velhos pontos de vista; assim como o dia de hoje não é igual ao de ontem nem ao de amanhã, podemos muito bem modificar nossos pensamentos e nossas atitudes. É ótimo promover mudanças na mente: isso nos liberta.

Todos nós temos de passar algum tempo neste mundo. Podemos optar por fazer de nossa vida e da vida dos outros uma experiência lamentável ou, então, encorajar-nos mutuamente. Sabemos que a vida pode às vezes ser muito dura e atormentada. Por isso, a capacidade de inspirar e estimular constantemente uns aos outros é uma grande façanha, não importa a que religião, cultura, nacionalidade ou classe social pertençamos.

Algumas pessoas que conheço parecem nunca pensar assim a respeito de si mesmas; não se acham "suficientemente boas". Comparam-se com quem revela grande paciência ou bondade e pensam: "Não tenho méritos, como poderia ser como ele? Não posso sequer alimentar essa esperança." Desconfiam de si próprias; estão desde já desencorajadas.

É errado supor que não podemos mudar; jamais evoluiremos se nos sentirmos inferiores. Não podemos aprender *tudo*, mas precisamos nos estimular, nos educar. E por que não? Essa é a atitude que temos de assumir. Se não há esperança de sermos grandes, se não há possibilidade de alcançarmos a iluminação, para que lutar? No entanto, bem no íntimo, sabemos que esse potencial existe dentro de nós. Você já teve vislumbres dele ao longo da vida, passou por momentos de real compreensão, lucidez e felicidade. Chegou a hora de explorar esses momentos e descobrir que, tornando os outros felizes, trabalhamos por nossa própria felicidade. Adquirimos assim a prática de atentar sempre para o presente, sintonizando-nos com o ritmo natural do mundo e dos outros. Podemos conviver harmoniosamente com o mundo porque sabemos que nada dura – tudo muda; tudo flui. Assim, desbravamos e aplainamos um caminho antes pouco frequentado.

> *"Os Budas se tornam Budas porque cuidam de seus semelhantes".*
> – Bodhisattvacharyavatara

Seja generoso: ajude, inspire, proteja

"Aquela porção melhor da vida de um homem bom,
seus pequenos, anônimos, esquecidos atos
de generosidade e amor."
– William Wordsworth

Assim como sucede à felicidade, à bondade e ao amor, generosidade gera generosidade. É difícil afirmar que possa haver um ato generoso destituído de egoísmo porque tornar os outros felizes nos torna felizes também. No entanto, o segredo da generosidade consiste em praticá-la sem *esperar* nada em troca – e essa é a parte mais difícil. Assim, mesmo que você comece devagar e dê pouca coisa, isso será bom se você o fizer de coração e sem impor condições egoístas. Certamente, se o favorecido lhe agradecer, ótimo; se não, pouco importa, continue sendo generoso.

A generosidade não pressupõe dar unicamente em sentido material. Se você instruir ou inspirar outra pessoa, essa será uma excelente prática de generosidade, pois a inspiração é um dos maiores dons que existem. Você pode também assegurar proteção ou cuidados a alguém, o que também é um ato generoso. Paciência, tolerância, respeito, alegria, valorização, bondade e compaixão são outros tantos dons maravilhosos que temos para oferecer diariamente.

> *"Há uma belíssima lei mítica da natureza segundo a qual as três coisas que mais desejamos na vida – felicidade, liberdade e paz de espírito – são sempre conquistadas quando as proporcionamos a outros.*
> – Peyton Conway March

Eu acabava de voltar de uma peregrinação a pé muito proveitosa a Maratika. Quando nos cansávamos, sempre parecia haver alguém na estrada para nos vender comidas locais e água fresca. Eu mal podia acreditar que, mesmo naquela região distante, quase tudo de que precisávamos estava disponível no momento certo.

O mais engraçado era que, quando se partilhava fosse o que fosse, a primeira porção sempre me cabia. Às vezes, ganhava além do necessário, pois cada uma das duzentas pessoas que participavam da peregrinação queria me dar alguma coisa. Eu não podia desapontar ninguém recusando seus presentes, por isso tive de carregar um peso enorme sem saber o que faria com aquilo tudo. Mas então vislumbrei um método excelente. Conservava as coisas que ganhara por algumas horas, para mostrar minha gratidão àqueles amigos, e depois eu as devolvia, o que também os deixava muito felizes. Infelizmente, fui encontrar essa solução muito tarde, mas agora pelo menos já sei o que vou fazer da próxima vez.

Alguns grandes yogues indianos, há cerca de mil anos, declararam em seus textos que haviam aprendido a ser generosos dando, primeiro, coisas com a mão direita para a esquerda e, depois, com a esquerda para a direita. Praticavam esse ato muito simples para adestrar seu senso de generosidade. Parece quase pueril, mas talvez por isso mesmo funcione: começar com pouco e devagar para gradualmente ir aumentando. Desse modo, quando você dá alguma coisa – objeto, inspiração ou proteção –, faz isso porque quer, sem se forçar. Então, não lamenta nem se gaba. Uma boa maneira de começar é dividir uma coisa em duas partes, dar uma e conservar a outra; assim, estaremos partilhando. Recuperamos aos poucos, desse modo, o senso de motivação pura, sem impor condições ou precisar dizer ao mundo o que fizemos. O ato vale por si.

> *"Nenhum gesto de bondade, por menor que seja, é inútil."* – Esopo

Quando você pratica esses atos com o coração, é recompensado com um sentimento de calma, paz e felicidade. Não se trata de orgulho, mas de apreciação. A prática é sincera e genuína – e agir com sinceridade, não por pressão ou culpa, nos dá uma tremenda sensação de alegria e contentamento. Dê de boa vontade, com alegria interior. Ainda que não tenha nada de material para dar, não importa. Você só tem de abrir o coração e se esquecer dos apegos a coisas ou pessoas. Dê aos outros a liberdade e você mesmo ficará livre. Todos somos irmãos e irmãs. Você pode ser rico e eu, pobre. Não importa. Seja qual for a língua que você fale, não importa. Independentemente de quem você seja, somos todos iguais. Vivemos experiências diversas, mas, no fim do dia, não temos nada nas mãos. Assim, choramos juntos, rimos juntos, lamentamos juntos, desfrutamos juntos – e ajudamo-nos uns aos outros.

> *Ao longo de muitas, muitas vidas, o Buda Shakyamuni ofertou sua vida e seu corpo. Certa vez, no Nepal, entregou-se por inteiro a um tigre (ainda podemos ver o local onde isso aconteceu). O tigre, esfomeado, preparava-se para comer sua própria cria; mas o Buda, vendo o que ia acontecer, piedosamente se sacrificou em seu lugar. Como a fera estivesse tão fraca que não conseguia mastigar, ele cortou uma veia do próprio braço para que ela primeiro pudesse lamber algum sangue. E depois se deixou devorar.*

Quase todas as pessoas vivem preocupadas com a própria felicidade, fazendo toda sorte de coisas mesquinhas e tolas sem perceber que, se tornarem os outros felizes, o mesmo acontecerá com elas. Você pode descobrir facilmente se isso é verdade ou não. O que estou tentando dizer é que, se você tiver um grande coração, disposto a partilhar suas virtudes, essas se multiplicarão a olhos vistos. Quanto mais seu coração der, mais você receberá. Se dermos e ajudarmos sem condições nem expectativas, essa por si só será uma prática excelente, que trará uma alegria impossível de medir por padrões mundanos. Posso mesmo dizer que quando, incondicionalmente, você ajuda, dá ou faz alguma coisa benéfica, tudo o que recebe em troca também é incondicional. Um negócio absolutamente justo, não? Portanto, diga adeus às atitudes sôfregas e egoístas, ao menos por enquanto. Ordene-lhes que o deixem em paz.

A presença é um dom

Quando você passa o dia atento e lúcido, está de fato presente e isso também é um dom. Tudo o que você fizer poderá ser feito com o pensamento nos outros, mesmo algo tão simples quanto entrar numa sala ou manter uma conversação. Você pensará nas pessoas que ali estiverem, num modo de fazer amizade com elas, em como é bom poder vê-las. Ouvirá atentamente, não se preocupando apenas com o que irá dizer em seguida. Você deseja partilhar as coisas que o inspiram, passar adiante conhecimento e estímulo, dar aquilo que lhe for possível. Assim, definir um objetivo e persegui-lo se torna, em si mesmo, um ato generoso.

Aconselho-o a dedicar tudo aos outros. Se conseguir fazer isso com delicadeza e autenticidade, estará realizando um brilhante trabalho. Esse caminho é o incomum, pois, em geral, costumamos nos colocar na frente. Entretanto, se você puser de lado seus compromissos, nem que seja por algum tempo, poderá ajudar várias pessoas e, em troca, desenvolver muito sua própria compreensão da vida. Os benefícios choverão sobre você.

Como tudo isso vem com a prática, não estabeleça para você mesmo ou sua mente interessada tarefas impossíveis; avance passo a passo. Primeiro, examine-se com tolerância e descubra como está se sentindo em vez de tentar imediatamente dar todo o seu amor ao mundo. Muitas vezes, em nome do amor, acabamos desenvolvendo um ego enorme, quando o queríamos pequeno. A motivação é o nosso bem-estar, não o de nossos semelhantes. Ajudar os semelhantes, sem dúvida, nos deixa felizes por nossos atos, mas, como o ovo e a galinha, a questão é o que vem primeiro, qual é a nossa intenção original. Portanto, não se apresse a doar cegamente todos os seus bens materiais. Aos poucos, descobrirá o que realmente quer entregar ao mundo e aos outros. Faça o que tem a fazer sem deixar nada para trás e sem se forçar de maneira alguma. Vá devagar, avaliando bem suas ações.

Aconselho-o, porém, a começar de uma vez – agora. As pessoas costumam perder muito tempo tentando descobrir a coisa certa a fazer, a melhor maneira de ajudar. Mas eu digo: escute o seu coração, ponha mãos à obra e *faça* alguma coisa na medida de suas possibilidades. Pense que uma gota do seu dinheiro, da sua bondade ou inspiração cairá num vasto oceano e contribuirá para melhorar muita coisa no mundo. Você tem inúmeras oportunidades, inúmeras maneiras de ajudar seus semelhantes. Mesmo se fizer algo muito pequeno, dedique-o a todos e ele aumentará espantosamente de tamanho. O que você deu está dado; não espere nada em troca, mas faça uso de seus próprios olhos, atentamente, e terá a certeza de que, por bons caminhos, a coisa dada chegará a uma boa causa. Sempre digo que ser generoso e ter um grande coração garantem mais ganhos do que se possa imaginar. Isso acrescenta significado e alto valor à vida.

Revele humildade e paciência

"Não procure mais saber o que é certo e o que é errado." – Buda

À medida que você se esforça para romper seus apegos – por exemplo, a bens materiais, pessoas, emoções ou visão de mundo –, começa a substituir o orgulho pela humildade. Se ainda está ligado ao seu corpo, à sua aparência, à juventude, à riqueza ou coisa semelhante, não pode ser humilde. A descontração abrirá sua mente e seu coração para as lições maravilhosas que a vida tem para lhe oferecer. Ela o tirará da defensiva porque você começará a notar que essas lições não são para feri-lo e humilhá-lo nem sequer deixá-lo embaraçado. Se você conseguir se aceitar assim como é, cada instante da vida se tornará uma oportunidade ou, simplesmente, uma experiência ao longo do caminho.

O orgulho se mostra sempre arrogante, sempre tagarela, fazendo com que seja impossível ouvir os outros. O orgulho nos faz crer que somos os sabichões, os inteligentes, os maiorais. Ele nos encerra em nós mesmos a tal ponto que perdemos a chance de receber. Porém, com humildade, você ouve e aceita o que quer saber e o que as pessoas dizem, conseguindo então evoluir muito mais rápido que os orgulhosos.

"Só muito tarde na vida descobri como é fácil dizer 'Não sei!'."
– Somerset Maugham

Não se orgulhe de suas habilidades ou realizações. Elas têm lá sua importância. Acontece que, em vez de definir quem você é, são ferramentas com as quais poderá fazer o seu melhor trabalho. Por exemplo, você pode entender muito de computação – ser o melhor, um especialista. Porém não se gabe disso; talvez seja também um péssimo cantor e, quando chegar a sua vez de cantar, de nada lhe valerá dizer a todos que é um mago dos computadores. Convém rir dessas situações. Que mal há em sermos ruins em certas coisas? É útil saber que em algumas somos peritos e em outras, nulidades. Por esse aspecto, todas as pessoas são iguais, constatação que acaba por sufocar o orgulho.

Para muita gente, ser inútil em determinadas coisas é fonte de profundo desânimo. No entanto creio que isso se deva à intervenção do orgulho: nosso ego é ferido e nos torna sensíveis, pondo-nos na defensiva com relação à nossa fraqueza, ou convence-nos de que somos imprestáveis como pessoas. Assim, se conseguirmos nos desligar de todas essas coisas que fazemos, não mais importará se somos grandes peritos ou não. Reconheceremos que é ótima ideia aproveitar ao máximo nossos talentos em benefício dos demais, não sendo, portanto, necessário nos sentirmos mal por causa daquilo em que não nos saímos tão bem. Não precisamos levar tais coisas muito a sério – que flutuem para longe, ao sabor da corrente.

Paciência

A prática da paciência é a porta principal para a iluminação. A paciência cria espaço para pensar e respirar. Durante uma discussão, ela cria uma abertura que nos permite entrar num acordo ou aceitar as ideias alheias. As coisas só parecem melhores quando as analisamos com paciência. Por outro lado, se você não se der a chance de respirar e pensar, seus próprios desejos prevalecerão e a cólera explodirá com frequência! Ora, ficar constantemente irritado e colérico é uma maneira bem difícil de viver.

"Adote a paz da natureza: seu segredo é a paciência."
– Ralph Waldo Emerson

Se você tiver paciência e tolerância, sua vida será rica. Porém esses não são conceitos muito fáceis de entender. Por isso, às vezes, a vida é oscilante como uma mesa velha de antiquário. Eu tinha uma mesa de jantar inglesa muito antiga que, quando era tocada, começava a tremer e a estalar – não se podia pôr nada em cima dela, pois parecia que iria se espatifar no chão. A vida sem paciência e tolerância é assim. Essas qualidades oferecem alicerces sólidos. Não importa o que aconteça – e tudo pode acontecer nesta vida –, você não se abate, enfrenta tudo e nunca perde a coragem mesmo quando os outros o fazem sofrer.

A paciência nos ajuda nas horas de dor; quando temos paciência, nunca desistimos e nunca desanimamos. Ao contrário, perseveramos, continuando a pensar e a fazer coisas boas. Atentamos então para outras pessoas que estão às voltas com o mesmo problema e lhes enviamos nossa compaixão, na esperança de que não sofram como nós.

A paciência é também muito útil quando estamos felizes. Deixamo-nos levar facilmente pelo orgulho, nunca nos declaramos satisfeitos e sempre queremos mais. Se você é o figurão mais rico da aldeia, sente-se muito orgulhoso de si mesmo e olha os outros de cima. Se é bonito e vaidoso de sua beleza, sofre horrivelmente quando percebe uma espinha ou uma ruga no rosto. E pode facilmente sentir inveja daqueles que se saem melhor que você. É bom ser feliz, saudável e mesmo rico; mas, graças à paciência, você esquecerá seu orgulho e reconhecerá que tudo é passageiro. Agradecerá ao seu bom karma em vez de desprezar seus semelhantes.

"A maior paciência é a humildade. A maior meditação é a mente descontraída. A maior sabedoria é ver além das aparências." – Atisha

A prática da paciência não é fácil no começo, mas há várias maneiras de começar. A paciência e a tolerância exigem muita reflexão e compreensão. Achamos difícil ser tolerantes diante de coisas que contrariam frontalmente nossos valores morais, aquilo que para nós é o certo *versus* o errado, o bem *versus* o mal. Quando, do nosso ponto de vista, as pessoas se comportam de maneira inadequada, nós as censuramos porque suas atitudes não se enquadram em nossa visão do mundo. Queremos que tudo e todos se acomodem ao nosso gosto, enquanto, ao mesmo tempo, exigimos que nos aceitem como somos. E somos, falando de um modo geral, muito teimosos. Não nos deixamos influenciar facilmente por esses ensinamentos ou mesmo pelo que acontece em nosso cotidiano. Mas lembre-se: todos nós, sem exceção, estamos no mesmo barco. Teremos acaso boas razões para sermos arrogantes e mesquinhos? Afinal, ninguém sabe o que vai acontecer daqui a um minuto – pode acontecer qualquer coisa.

Esse não é um conselho para você se omitir e não fazer nada quando alguém o ofender ou escandalizar. É um lembrete de que, com paciência, você evolui mais, sem desistir nem perder a coragem. Com paciência, não permite que ninharias o subjuguem e controlem. Pare então de se perguntar "Por que isto acontece justamente comigo?", pare de recear que mais sofrimentos sobrevenham amanhã e, ao contrário, pense no que irá fazer e num modo de progredir. Não é fácil, mas, se você começar com compaixão, logo estará vendo tudo mais claramente.

Por exemplo, se alguém o aborrece muito, deve haver uma razão para isso. Adquira um pouco de conhecimento e compreensão dessa pessoa a fim de descobrir por que ela se mostra tão importuna. Talvez seja muito fraca, talvez não o entenda ou talvez você tenha feito algo que a magoou. Se você descobrir a causa, poderá serenar as emoções violentas que a dominam. Mesmo que essa pessoa continue se comportando mal, não lhe deixando alternativa a não ser sair de perto dela, você não precisa ficar preso à situação, não precisa carregá-la para onde quer que vá.

Seja honesto consigo mesmo. Quando os outros falarem mal de você, espalhando mentiras por meio de fofocas maliciosas e grosseiras, não sinta dó de si mesmo, deixe estar e vá em frente. Caso os boatos encerrem alguma verdade, reflita a respeito, corrija-se e procure melhorar, calando em seguida quaisquer sentimentos negativos. Aprender a superar situações é uma das melhores práticas para desenvolver a paciência e, consequentemente, a compaixão e a sabedoria.

"Na base da paciência está o Céu." – Provérbio tibetano

A contemplação desenvolve a paciência

Ao contemplar sua vida cotidiana, você começa a refletir sobre o modo como lida com as coisas. Aprendendo com a experiência, poderá avaliar sua reação, caso, no futuro, enfrente situações semelhantes. Ponderar as coisas em profundidade esclarecerá melhor os problemas e o fará ir mais devagar, abrindo espaço para você, aos poucos, desenvolver sua paciência.

Seria muito útil também que você direcionasse seus pensamentos para o coração e descobrisse como de fato se sente. Alguém pode tê-lo realmente aborrecido hoje e talvez você tenha achado que não havia alternativa a não ser reagir com rispidez. No momento, pareceu-lhe que aquela pessoa merecia saber até que ponto você estava farto de suas ações, palavras ou atitudes egoístas. Mas talvez, no fim das contas, dar vazão à cólera não o tenha feito se sentir tão bem quanto pensava e agora você se pergunta como deverá enfrentar uma situação semelhante, caso ela se apresente de novo no futuro. Você não quer ser passivo, fraco, mas, sim, transmitir sua mensagem com calma e energia.

À medida que você desenvolve sua paciência, os outros podem considerá-lo uma pessoa muito compreensiva. Ou seja, uma pessoa que sabe interpretar a situação à sua volta. Você deve encarar tudo com tranquilidade, sem fazer muito barulho por ninharias ou bradar aos céus em altas vozes – em suma, sem perder facilmente a cabeça, o que apenas revela falta de prática. Por meio da contemplação e da meditação, é possível esticar a paciência em um quilômetro! Esse tipo de meditação nos familiariza intimamente com experiências e sentimentos tanto nossos quanto dos outros. Hoje talvez você ache isso difícil; mas, aos poucos, se persistir na prática, ao fim de uma ou duas semanas já estará visivelmente melhor. E depois de um ou dois meses, a paciência se imporá com facilidade e, no próximo ano, você será um verdadeiro diplomata.

Um grande mestre do Tibete tinha muitos discípulos. Um dia, um postulante veio até ele e pediu para ser admitido. O mestre disse: "Sim, é claro, mas quais são as suas qualificações?". O postulante respondeu: "Nenhuma." O mestre lhe fez ainda várias perguntas, mas a todas o outro replicava que não tinha nada, só queria ser seu discípulo. Por fim, achou que deveria dizer alguma coisa e confidenciou ao mestre: "Tenho fama de ser uma pessoa destituída de raiva. É tudo o que possuo." "Oh", exclamou o mestre, "mas essa é a maior qualidade que se possa ter! Por favor, junte-se a nós e ouça meus ensinamentos."

Na reunião seguinte, o mestre avisou: "Até hoje, nós vivemos muito bem aqui, sem problemas. Porém, a partir de agora, precisamos ser cautelosos. Há um ladrão em nosso grupo. Embora nenhum de nós tenha muita coisa para ser roubada, ainda dispomos de um pouco de comida e algumas roupas. Não queremos perdê-las e por isso devemos ficar atentos, pois um de nós é ladrão. E é aquele ali!." O mestre apontou o homem que dissera ser destituído de raiva. Esse ficou tão embaraçado e humilhado que começou a suar, mas não conseguiu proferir uma só palavra diante do grande mestre.

Isso continuou por vários meses. O mestre repetia diante de milhares de discípulos: "Vocês deram pela falta de alguma coisa? Ah, ótimo, porque esse ladrão é esperto. Preocupo-me noite e dia com todos aqui."

Finalmente, depois de muito tempo, o discípulo se enfureceu. Não conseguia mais se controlar. "Quem prova que sou ladrão?", vociferou diante de todos.

O mestre fitou-o. "Você não disse que jamais se encolerizava? Acreditei nisso, mas, na verdade, você se encoleriza, não?" Assim, o discípulo compreendeu que a cólera estava ali, dentro dele. Foi um despertar, uma importante lição dada com amor. E ele se tornou um grande discípulo.

A prática desenvolve a paciência

É difícil praticar a paciência quando não há nada que nos obrigue a ser pacientes, quando nos sentimos calmos e em paz com o mundo. Você está lendo estas palavras, por meio das quais tento ajudá-lo a perceber a importância da paciência; mas creio que perceberia isso melhor se vivenciasse no mundo real. Assim, se alguém aparecer e provocar sua cólera, comportando-se de maneira desagradável, ele será o verdadeiro mestre. Sem dúvida, no calor do momento, você não perceberá isso e o considerará um inimigo. Porém essa pessoa estará lhe dando uma oportunidade real de pôr a teoria em prática – aproveite-a sempre que possível!

Continue andando

*"Seu trabalho é descobrir seu trabalho
e depois, de todo o coração,
entregar-se a ele."* – Buda

Um grande violinista traz muita alegria ao mundo com sua execução, mas para isso precisa praticar incansavelmente e com grande diligência. Se toca com alegria no coração é porque encontrou sua verdadeira causa, seu verdadeiro caminho. Mas se toca de coração pesado, cheio de expectativas, não consegue ofertar sua música incondicionalmente. A vida é difícil quando o coração não está nela. Entretanto, se você descobre qual é a sua verdadeira intenção, seja ela adquirir mais paciência ou aprender algo com que possa ajudar as pessoas, só o que tem de fazer é praticar. Só o que tem de fazer é continuar andando.

Depois de desenvolver a mente inspiracional, você se mobiliza para alcançar seu objetivo. E, se fizer a si mesmo o voto, a promessa de persistir em seu caminho, então lançará um firme alicerce sobre o qual poderá iniciar a prática. Quando você caminha na direção que escolheu, que o deixa imensamente feliz, consegue se empenhar a fundo na prática porque se sente você mesmo, mergulhado no fluxo de sua própria vida. Isso traz satisfação e contentamento genuínos porque envolver-nos completamente naquilo que decidimos fazer desperta em nós uma tremenda sensação de alívio.

O motivo pelo qual muitas pessoas encontram dificuldade em receber bênçãos como a saúde e a riqueza, sem a ajuda e o estímulo de ninguém, é a falta de confiança; e a confiança só nasce do senso de devoção e do completo envolvimento. As pessoas não percebem a importância de cuidar dos alicerces, das raízes, e sempre se distraem contemplando as flores, os frutos e os ramos mais altos das árvores. Porém, se não cuidarmos das raízes, com o tempo haverá cada vez menos frutos a colher.

Disciplina e diligência

No mundo moderno, nem todos têm muita certeza de que a disciplina ou a diligência sejam uma boa coisa. Elas fazem as pessoas se sentirem obrigadas a agir de determinada maneira, como se estivessem sob controle alheio, presas, em vez de aptas a viver livremente segundo sua própria escolha. Considerando que é muito difícil praticar a disciplina sem nenhuma ajuda de fora, Buda e outros seres divinos como Jesus Cristo foram obrigados a dizer alguma coisa – a outorgar códigos e a explicar o que devemos ou não devemos fazer. Esses códigos ajudam, mas às vezes pesam. Você quer beber um trago, mas não pode se permitir isso por causa dos ensinamentos. Todos os tipos de comida parecem proibidos. Por isso você se sente tão livre ao desenvolver a mente interessada: pode então descobrir por si mesmo o que é a disciplina, sem precisar que lhe ensinem. Viverá com compaixão e amor que nasceram dentro de você – e isso é muito mais agradável.

Podemos aceitar a diligência observando-a de um ângulo ligeiramente diferente, o qual nos lembrará de que é com disciplina que os grandes músicos praticam para nos proporcionar prazer e descontração. Se acatarmos a disciplina, conseguiremos condicionar nossa mente e refrear nossos pensamentos erradios mesmo em pleno tumulto da vida moderna. A diligência é, na verdade, uma forma de devoção – e essa, uma forma de entendimento. Com diligência e devoção, aferramo-nos aos nossos projetos em vez de prometermos começar amanhã; pois, se encontrarmos de fato nossa inspiração, o trabalho duro só nos trará alegrias. Sempre digo que a inteligência não significa nada sem a diligência.

O grande mestre indiano Asanga praticava os ensinamentos de Maitreya. Para resumir essa história muito longa: depois de três anos, Asanga não conseguira coisa alguma. Ao descer de seu retiro, avistou um homem esfregando uma grande vara de ferro com um pedaço de pano. Vendo-o tão empenhado no trabalho, Asanga perguntou-lhe o que pretendia. "Quero fazer uma agulha com esta vara de ferro para costurar minhas roupas." Asanga concluiu que toda a prática a que se entregara nos últimos três anos lá no alto da montanha era pouquíssima coisa em comparação com o que aquele homem fazia para ter uma simples agulha!

Assim, Asanga subiu de novo para seu retiro, onde permaneceu por outros três anos, mas também dessa vez nada conseguiu. Sentiu-se muito desanimado e quase desistiu de tudo, achando que não chegaria a lugar algum. Saindo da caverna, deparou com um homem que friccionava a montanha com uma pena e perguntou-lhe o motivo daquilo. "Minha casa é lá embaixo e, por causa desta montanha, quase não recebo a luz do sol", respondeu o homem. "Pretendo diminuir o tamanho da montanha para ter um pouquinho mais de luz." Asanga pensou que, se aquele homem se dispunha a trabalhar tanto em troca de mais alguns raios de sol, então o mínimo que ele próprio deveria fazer era voltar ao retiro e praticar por mais tempo.

E assim se passaram anos. A cada três, Asanga via alguma coisa que confirmava a importância da diligência. Depois de doze, deixou o retiro e, na estrada, viu um cachorro que se contorcia de dor. A parte de baixo de seu corpo estava podre, infestada de insetos e vermes, mas a de cima continuava intacta. Ao ver o animal, sentiu por ele uma grande compaixão e decidiu fazer alguma coisa para livrá-lo dos bichos. Contudo, se tocasse neles com as mãos, os bichos poderiam morrer, de modo que fechou os olhos e usou a língua para limpar o cão, mais macia que os dedos e, portanto, incapaz de matá-los. Nisso, o cachorro desapareceu e Asanga, erguendo os olhos, deu com Maitreya sentado numa pedra à sua frente. Asanga gritou: "Onde estiveste por todo esse tempo? Durante doze anos pratiquei e nunca apareceste."

Maitreya respondeu: "Apareci muitas vezes, mas tu não te mostraste diligente o bastante. Sempre que saías da caverna, lá estava eu para te ajudar. O cão também era eu; vim para fazer amadurecer tua compaixão antes que pudesses provar tua diligência."

Então Asanga voou com Maitreya para a terra pura deste, onde recebeu muitos ensinamentos. Quando, por fim, voltou ao mundo, escreveu vários livros sobre o que aprendera com o mestre. Ainda hoje estudamos esses livros.

Se você quebrar sua promessa, se desistir, não se sinta mal, mas renove-a logo que possível, sem adiar sequer por uma noite. Não desanime nem conclua que não é bom o suficiente para prosseguir. Nada mais fácil que desconfiar das próprias forças quando se trata de praticar; mas você poderá, sim, restaurar sua disciplina com alegria e rapidez. De outro modo, os aspectos negativos tenderão a crescer em ritmo acelerado. O que decidirmos fazer, façamos: é preciso manter essa promessa perante nós mesmos. Assim como uma planta, ela precisa ser regada, adubada e cuidada com carinho para crescer. É necessário que você zele por suas promessas e seu senso de objetivo com boa vontade e alegria, sem nenhum tipo de pressão. Caso esteja se forçando a isso, então talvez seja melhor procurar novamente sua inspiração e redescobrir sua motivação, pois o sentimento de que *temos* de fazer alguma coisa se torna um fardo que nos esmaga e retarda, não permitindo que prestemos bons serviços a ninguém. Podemos passar a vida só cumprindo nossas obrigações, mas isso é ruim; se você abrir o coração e a mente, descobrirá que existe outro caminho.

O bálsamo refrescante da disciplina

A disciplina pode nos trazer muita tranquilidade. Se você se sente fora de controle, literalmente de "cabeça quente" numa situação, a disciplina atua como um bálsamo refrescante, como um ventilador que resfria as emoções violentas, ajudando você a relaxar. Esse tipo de disciplina interior é o melhor, pois nasce de sua própria natureza. Exige tempo para se desenvolver – motivo pelo qual religiões e tradições como o budismo têm inúmeros ensinamentos e práticas que ajudam a gerar esse senso de controle. Entretanto, praticar enquanto se trilha o caminho incomum é muito útil para lidarmos com emoções aflitivas como a cólera, a inveja e o desejo. Seu caminho é seu refúgio, o lugar onde se sente seguro, confortável e calmo. O caminho o leva a um estado de espírito que evita os equívocos. Podemos nos deparar com coisas boas ou más, bonitas ou feias, mas não seremos subjugados por elas.

E estar no controle garante uma sensação de liberdade quando esse controle provém do amor e da compaixão, por nós mesmos e pelos outros. O oposto é controlá-los, quando não estamos felizes com o que somos ou julgamos que eles não são suficientemente bons. Isso forja grilhões invisíveis, que nos prendem a certas maneiras de agir. Você se tornou escravo de suas emoções violentas e já não vê com clareza a si mesmo e ao mundo. O autocontrole, porém, lhe permite ouvir enquanto os outros falam, valorizar todos os seres humanos em vez de tirar conclusões apressadas e vivenciar seu próprio eu sem insistir em adotar ou repelir os rótulos com os quais foi criado. Isso é muito relaxante e libera nossa mente para considerarmos apenas os fatores que de fato importam na vida.

À medida que você desenvolver essa disciplina interior descontraída, começará a se sentir muito calmo e feliz – não orgulhoso, mas compreensivo. Isso traz também sinceridade. Ser sincero e autêntico em qualquer tipo de prática lhe proporcionará um forte sentimento de satisfação e alegria pelo que está fazendo: você adquirirá a certeza de que tem muita sorte. Não espalhará aos quatro ventos que é uma pessoa disciplinada, mas, no fundo, sentir-se-á grato por ser assim.

Mesmo uma comunidade pequena como a Druk Amitabha Mountain é mantida por pessoas com diferentes talentos. Contudo, a meu ver, o mais importante é ter pessoas que agem com o coração e não apenas com habilidades. De que serviriam essas habilidades sem o coração para ajudar ou o senso de responsabilidade para garantir que as coisas sejam feitas adequadamente? É inútil ter habilidades sem coração – nada funciona dessa maneira. A meu ver, qualquer coisa que fizermos deverá ser feita de todo o coração, pois assim será bem-feita, de acordo com a inspiração que a motivou. Não é essa a melhor maneira de empregarmos nosso conhecimento e nossos talentos?

Com paciência, gerarei entusiasmo,
pois o Despertar será apenas para aqueles que se esforçam.
Assim como não há movimento sem vento,
não há mérito sem entusiasmo.
Que é entusiasmo?
Encontrar alegria no que é benéfico.
Seus opostos são a indolência,
a vocação para o mal
e o desprezo de si mesmo causado pelo desalento.
Sim: em virtude do apego ao sabor agradável da preguiça,
da vontade incontida de dormir
e da cegueira para as misérias do samsara,
o ócio se torna fortíssimo.
Assim como eu me levantaria de um salto se uma serpente caísse em meu colo,
devo repelir instantaneamente o sono e a preguiça, caso se manifestem.
– Shantideva, Bodhisattvacharyavatara

III

Supere os obstáculos em seu caminho

"Aquele que supera a melancolia diariamente é um herói." – Fiodor Dostoievski

A vida é, de fato, quem melhor nos ensina essas lições. Ela parece teimar em erguer inúmeros obstáculos em nosso caminho, mas, muitas vezes, tudo se resume à maneira como nós a encaramos. Estamos atrás de problemas ou de soluções?

Se você conseguir aplicar à sua vida diária alguns dos pensamentos que lhe ocorrerem enquanto lê este livro, dará um presente às pessoas que o cercam e a você mesmo. Acha que enfrenta muito estresse no dia a dia? Perde a cabeça facilmente? Talvez não confie muito na maneira como trata, por exemplo, seu cônjuge ou seus pais. Ou perceba que o medo está até certo ponto impedindo-o de prosseguir em seu caminho. Espero que alguns capítulos desta seção final o ajudem a soltar-se, a ver as coisas de um ângulo diferente. Não culpe ninguém pelos obstáculos com que se depara, apenas reconheça que eles existem.

A vida do dia a dia *é* vida. Sentir-se mais à vontade com o mundo e consigo mesmo – gozar de liberdade interior – não é algo que você precise procurar numa caverna. Está aqui mesmo, em cada momento presente. Como você conseguirá tornar o hoje uma fonte mais rica para o amanhã?

Como lidar com o estresse

"Todo o sofrimento do mundo vem
do fato de pensarmos em nós mesmos.
Toda a felicidade do mundo vem do
fato de pensarmos nos outros." – Shantideva

O estresse é um dos problemas mais graves de nossa vida. É muito comum e um tema importante a ser discutido. Como se trata de uma das maiores distrações, precisamos entender nossa relação com ele, descobrir sua causa, por que trabalhamos muito em troca de nada e cometemos tantos equívocos.

Meus amigos, pelo que me contam, vivem estressados por causa da economia, dos negócios, da família e de toda sorte de coisas. Só por curiosidade, consultei o dicionário para saber qual era a definição de estresse pelos modernos eruditos e encontrei o seguinte: "Consequência da incapacidade de se adaptar às mudanças." Acho que, até certo ponto, estão certos quanto a isso.

O estresse resulta da inflexibilidade e da não aceitação. Em outras palavras, é provocado pelo forte apego a certos objetos, maneiras, resultados ou expectativas. Quando há muita esperança ou expectativa, há também o medo de que ela não se concretize, de que nada saia de acordo com o nosso plano ou nossa vontade. Daí vem o estresse.

Hoje, quase todas as pessoas que me consultam afirmam que se cansam facilmente e não conseguem dormir bem. O fato é que nossa mente é como elefantes selvagens, num constante tropel de pensamentos, projetos, prazos e mais prazos. Assim, mesmo sem muitas atividades físicas, estamos sempre ruminando alguma coisa e nos pressionando sem necessidade. Sentimos isso até em sonhos. Na maioria das vezes, sufocamos nossas próprias possibilidades por não saber parar. Creio que, em certa medida, a inquietude é o oposto da confiança. Por isso, começamos a nos sentir mal e estressados quando constatamos que nossa vida está literalmente nos arrastando e nós não sabemos como fazê-la parar ou mesmo andar em passos mais lentos.

Pensar nisso me deixa inquieto. Um de meus amigos estava quase chorando porque, a despeito de se sair muito bem nos negócios, sentia-se acuado pela necessidade de manter esse sucesso. Embora tenha adquirido uma grande fortuna, precisa trabalhar o dia inteiro para preservá-la. Acho que, quando começou o seu negócio, deve ter pensado: "Bem, se eu ganhar 1 milhão, ficarei muito feliz e plenamente satisfeito." Agora, porém, que atingiu seu objetivo, arranjou outro pretexto para se estressar, estabelecendo um alvo ainda mais difícil. Assim, não há paz em sua mente e em nenhum momento ele consegue relaxar, livre de pressões. Por isso veio até mim com lágrimas nos olhos e ignorando o que fazer para se livrar de semelhante fardo.

O mesmo acontece às pessoas em seus relacionamentos. Uma velha amiga me disse que, quando se casou, há alguns anos, supôs que suas preces tinham sido atendidas, mas agora está se separando porque o casal não se suporta. Sucede que esses meus dois amigos buscaram fora a solução para a sua felicidade, na riqueza ou num bom parceiro. Por isso insisto tanto na aceitação e na renúncia a todas essas expectativas, pois só assim é possível valorizar o momento presente. Se você continuar buscando fora a solução, jamais se livrará do estresse; mas se estiver com os pés no chão, lúcido e se aceitando da maneira que você é, dominará as artes de viver o presente e deixará o estresse à beira do caminho.

"Enquanto outros estiverem desesperadamente empenhados na busca insaciável de riquezas e poder passageiro, eu me estenderei à sombra, cantando."
– Frei Luís de León

Que tenho feito de minha vida?

Se você é capaz de reconhecer esses sentimentos ou ajudar os outros a reconhecê-los, então tem uma grande oportunidade de ver aí um convite para mudar as coisas, retardar o passo e contemplar a vida. Todos, inclusive eu, deveríamos ser tartarugas de vez em quando. Viaje de trem, sem pressa. Dê a si mesmo um pouco de tempo. Assim, verá as coisas com maior clareza e perceberá os detalhes da vida com um senso de gratidão. Ainda que enfrentemos inúmeras dificuldades no mundo, não seremos afetados porque saberemos valorizar até mesmo problemas e obstáculos, graças à nossa compreensão. Você não concorda que, quando vamos mais devagar, vemos as coisas com mais nitidez?

Quando meus amigos interrompem sua prática diária e eu lhes pergunto o motivo, respondem que é por falta de tempo. Alguns chegam a declarar que não posso entender isso, que não estou nos negócios e, portanto, não sei o que é estresse. Rio sozinho quando ouço tais absurdos; se eles soubessem por quanta gente sou responsável, quantas crianças alimento e de quantos mosteiros eu cuido, reconheceriam que posso entender isso muito bem. Lembro-me de que, ao planejar a criação de escolas para monjas – uma em Ladakh e outra no Nepal –, fiquei muitíssimo inquieto. Passava o dia sentado, quebrando a cabeça com cálculos. À tarde, percebia que não tinha feito nada, exceto me preocupar. Não realizava nada, só perdia tempo.

Sim, ficar estressado é perder tempo, sufocar a criatividade e o potencial. Por isso, aconselho meus amigos a retomar a prática diária, em vez de perder horas e horas se preocupando. Quando você está sob pressão, fica paralisado e indeciso; portanto é muito útil reservar um tempinho para meditar e relaxar. Você então recordará o significado da transitoriedade e refletirá sobre como a vida é preciosa. Mesmo quando as circunstâncias exteriores forem adversas, ainda poderá banir o medo e ter a coragem de estar bem, de viver uma vida proveitosa e mostrar-se flexível. Podemos ser autenticamente felizes porque essa felicidade vem de dentro de nós, não depende do mundo que nos cerca para ser um caminho reto e seguro.

Sempre espero que meus amigos e alunos retomem sua caminhada e voltem a praticar; essa é a espinha dorsal da vida e da felicidade. Sem essa compreensão, somos facilmente esmagados pelos altos e baixos da existência; mas com ela nos sentimos seguros para continuar andando, sem nos deixarmos envolver por emoções debilitantes.

O estresse é fruto do conformismo

Se vivermos nossa vida segundo um ritmo conservador levando-se em consideração os costumes, a tradição, a cultura ou os nossos próprios padrões inatingíveis, ele nos deixará estressados porque nos comportaremos o tempo todo como conformistas. Achamos que, se não nos conformarmos, provocaremos confusão, seremos chamados de desordeiros. Isso é causa de muitas dores de cabeça!

Sem dúvida, precisamos de alguma estrutura. Mesmo no ensinamento budista há estrutura e forma que nos ajudam ao longo do caminho, algo em que podemos nos apoiar. Porém acreditamos também que as pessoas devam afrouxar um pouco suas estruturas *internas* para reduzir o estresse e os equívocos. Quando tentamos ser ou agir de determinada maneira o tempo todo, ficamos excessivamente nervosos. Podemos disfarçar e parecer bem por fora; mas, por dentro, sentimo-nos presos ou apanhados numa armadilha. Isso ocorre porque temos uma estrutura interna muito rígida; encerramo-nos numa espécie de caixa e ficamos sujeitos a inúmeras pressões, sempre insistindo em obedecer às nossas próprias regras e aos nossos padrões. Pensamos que as coisas, as pessoas e até nós mesmos temos de seguir um modelo e ficamos inquietos quando isso não acontece. Também nos apegamos à ideia da perfeição, alimentada por nossas esperanças e nossos medos; mas pode alguma coisa, neste mundo, ser perfeita? Esse é um conceito totalmente subjetivo. Nada é perfeito – e nada é errado. Tentemos, apenas, fazer o melhor.

> *"Esqueça a vitória e a derrota*
> *e encontre a alegria."* – Buda

O que é "o melhor" para você?

Não gosto de dizer coisas negativas sobre o mundo moderno no qual vivemos. Entretanto, percebo que o estresse se deve em grande parte ao modo como as pessoas são educadas: ele enfatiza demasiadamente a competição. Você precisa competir com os outros até para se dar conta de que existe. E precisa *ser o melhor.* Porém, como ninguém pode ser o melhor por muito tempo (às vezes, nem por pouco), essa atitude é causa de inúmeros problemas. As pessoas estão sempre perseguindo o impossível, provocando com isso muito estresse e aborrecimento.

Tomemos, como exemplo, os negócios. Você pode ganhar 1 milhão e depois até 1 bilhão – mas sempre haverá pessoas que ganharam mais. Diante delas, você não é nada! Ao fazer essa comparação, sente-se perturbado ou acha que alguma coisa está faltando. Procura trabalhar mais, podendo ou não. Precisa competir, correr atrás do arco-íris. Ele é tão bonito que você tem de alcançá-lo – mas não o alcançará, é claro.

> *"Que vida é esta se, cheios de cautela,*
> *não temos tempo de parar para contemplar?"*
> – William Henry Davies

Você talvez receie – se for mais devagar e ouvir o coração – perder dinheiro e não ser mais capaz de cuidar bem de sua família. Essa é uma preocupação bastante compreensível, que afeta muita gente. No entanto procure visualizar o tipo de pessoa que você é quando está muito estressado. É generoso, paciente e amável o tempo todo ou irritadiço, frustrado e quase sempre ausente de corpo e alma? Vive mergulhado nos negócios, adquirindo ou conservando bens, ou dá a necessária atenção à vida e às pessoas que o cercam? Sim, você tem de trabalhar e ganhar o pão de cada dia, mas isso não significa que deva se tornar um escravo desse compromisso e achar que só existe vida fora do período das 9 às 17 horas. Um pouco mais de simplicidade e um pouco menos de expectativa na vida lhe darão um amplo senso de liberdade, que por sua vez dilatará o tempo num ritmo bem mais descontraído. Não exagere, não se esforce a ponto de não poder sequer respirar. Encontre o equilíbrio na vida ou siga o caminho do meio para usufruir de uma alegria serena, profunda e exuberante.

Os ensinamentos budistas são como o espaço

Falo aqui com base em minhas próprias experiências ou nas de meus amigos e das pessoas que me cercam. A amplitude dos ensinamentos budistas não cabe numa caixa. Temos tradições de meditação, terapias, exercícios mentais e físicos, mas isso só serve para nos manter num estado de paz e serenidade.

Se você quer obter espaço e liberdade, primeiro liberte-se dos rótulos e equívocos que alimenta a respeito de si mesmo, de seus amigos, de seus familiares, de todos! Quase sempre, quando fazemos alguma coisa, seguimos uma crença. Às vezes isso é bom porque nossas crenças costumam ser positivas. Mas ainda assim estamos nos sujeitando a um sistema muito rígido de crenças, pois a determinada altura alguém pode nos desapontar ou nós próprios nos desapontaremos por infringir o código de normas e regulamentos que instituímos.

Precisamos aprender a ser bons ouvintes e a tratar bem aqueles que têm opiniões diferentes. Muitos de meus colegas frequentemente discordam das minhas opiniões, mas não me importo; fico feliz em examinar seus pontos de vista e respeito sua maneira de ser. Não podemos ser dogmáticos se quisermos viver felizes e sem estresse neste mundo. Uma mente feliz é uma mente aberta e espaçosa. Se ela for estreita, não haverá espaço nem mesmo para nos aceitarmos – e o estresse virá. As pessoas têm inveja e brigam por todo tipo de insignificância. Não devemos ser rígidos; devemos ser flexíveis e dar espaço também aos outros.

> *"Precisamos renunciar à vida que planejamos para ter a vida que nos espera."* – E. M. Forster

Lembre-se sempre de que *tudo* muda, nada permanece. Por isso é tão importante nos libertarmos do *apego* a esperanças, desejos ou mesmo pessoas. Isso não quer dizer que não devamos ter esperanças, desejos ou relações, mas, sim, que não convém considerá-los definitivos, pois isso só pode trazer estresse. Não é preciso renunciar a tudo e ir viver numa caverna, basta reconhecer que na vida a verdade é relativa.

Tudo muda de momento a momento, então para que gastar tanto tempo e energia com o que aconteceu ou vai acontecer? Essa teoria é importante tanto para praticarmos a meditação quanto para vivermos de maneira mais intensa, tranquila e feliz. É bom não levar as coisas muito a sério. Essa compreensão, por singela que seja, vai nos ajudar bastante em nossa caminhada. Uma pequena mudança na mente pode fazer uma enorme diferença na vida.

Ouça as lições que a própria natureza dá: o dia se transformando em noite, a mudança das estações, a brisa, o som de uma cachoeira. Isso nos mostra que tudo na vida é relativo, nada é permanente e, portanto, devemos ignorar as emoções e os pensamentos que obscurecem nosso gozo da vida e nos arrastam para o estresse ou o nervosismo. As coisas não precisam ser deste ou daquele modo. Só precisam ser.

> *Eu estava limpando exaustivamente meu quarto. Não que ele não estivesse limpo, mas sempre é bom nos livrarmos do acúmulo do ano anterior jogando fora o que*

não será necessário para o ano vindouro e que pode, mesmo, nos manter presos ao passado. Essas coisas, tanto físicas quanto emocionais, geralmente retardam nosso progresso no caminho da vida e nos afastam de nossos objetivos.

Então ontem, aqui na Druk Amitabha Mountain, foi dia de faxina. Levei muito tempo para arrumar meu próprio quarto, atulhado de bugigangas que fui juntando ao longo de dias, semanas ou meses. A moral da história é esta: tal como a prática espiritual diária, nós precisamos fazer a limpeza regularmente, todos os dias e a cada instante, se possível. De outro modo, como nos livrarmos da bagunça que acumulamos com o tempo? É bem mais fácil jogar um pouco de lixo fora diariamente do que deixá-lo assumir as proporções de uma montanha.

Sejamos nós mesmos

Pense em quanto imitamos uns aos outros e agimos de acordo com o que nos ensinam ou com o que nossos amigos estão fazendo. Copiamos o modo como as outras pessoas vivem, comem, se vestem, etc. Depois, ao fazer comparações, às vezes, achamos que somos melhores que elas, às vezes, piores. O tipo de vida que muita gente leva parece uma montanha-russa. Multiplicamos nossos desejos e nossas necessidades, gastamos cada vez mais dinheiro para nos sentirmos melhor. Às vezes, armazenamos na mente milhares de imagens com as quais nos comparamos – imagens de uma pessoa "mais bonita", de um empresário "mais bem-sucedido"... Sempre saímos perdendo na comparação, o que nos humilha e nos faz sofrer.

Quando não estamos nos comparando com ninguém, estamos julgando as outras pessoas, se são boas ou más, se agem corretamente ou não. Quando, no curso de uma conversa, algum amigo diz que certa pessoa é muito má, sempre fico triste. Talvez essa pessoa esteja fazendo coisas erradas, mas quem pode saber se é verdadeiramente má?

Sem dúvida, você pode se vestir bem e querer ter uma boa aparência, desde que não se sinta obrigado a competir com ninguém. Aceite-se como é. Você pode ser feliz, ainda que outros sejam mais altos, mais bonitos ou mais feios que você. Apenas vá ao seu encontro marcado ou à sua festa e volte satisfeito porque está vivo. Não terá então inveja e poderá partilhar sentimentos genuinamente positivos com outras pessoas. É disso que nossa época precisa.

Como sempre, gente nova apareceu para o retiro. As pessoas, de pé, aplaudiam e punham-se a tagarelar umas com as outras à medida que iam chegando. Nos países ocidentais, não é assim; os adeptos ficam sérios e aborrecem-se quando alguém faz o mínimo barulho durante a cerimônia. Nesse dia, porém, tudo parecia meio caótico e só com muita dificuldade os presentes sossegaram. No entanto isso teve o seu lado bom; vê-los alegres e satisfeitos me deixou feliz também.

Lembre-se de que nossas experiências na vida são apenas isto: experiências. Não tomam o nosso lugar nem nos refletem. Não se agarre aos seus erros ou ao seu espírito crítico. Tenha a coragem de aceitá-los, aprender com eles e ir em frente. O cotidiano deve ser vivido com descontração. Sei que isso é mais fácil de dizer que de fazer, mas você sabe que é bem mais produtivo quando está descontraído do que quando é assaltado por dúvidas e questionamentos.

Relacionamentos

"Dando liberdade aos outros,
você a dá a si mesmo."
– Gyalwang Drukpa

Acredito que os relacionamentos humanos, sobretudo os positivos, devem se estreitar, se tornar mais profundos e autênticos com o passar do tempo. Eles constituem um forte sustentáculo em nossa vida. Todos esperam que o parceiro contribua para enriquecer sua compreensão e espiritualidade, tornando a vida mais colorida, motivo pelo qual convém escolhê-lo com cuidado. Por outro lado, você pode encontrar o parceiro certo justamente por estar levando uma vida rica e colorida; como em tudo mais, talvez nunca consigamos determinar o equilíbrio exato entre causa e efeito.

Devemos cultivar com carinho e atitude positiva nossos relacionamentos com outros seres humanos, outros seres vivos, como árvores, flores, tudo o que existe no universo. A autêntica vida espiritual pode ser muito solitária sem o apoio de amigos e pessoas que estejam sempre prontas a nos manter no rumo certo. Esse tipo de apoio, porém, é de mão dupla: às vezes você ajuda, às vezes é ajudado. Como sempre digo, não estamos sós neste mundo ou neste universo; estamos ligados uns aos outros. Mesmo que você seja a pessoa mais poderosa na Terra, que importância tem esse poder sem amor ou amparo?

Tal como ocorre com a felicidade, muitas vezes valorizamos em nossos relacionamentos os pontos errados. Cometemos equívocos, nos esquecendo de tudo aquilo que temos em comum e nos agrada mutuamente. Isso se dá com frequência entre parceiros de longa data ou entre pais e filhos. "Você não me compreende" – acusamos, sem nos lembrar das inúmeras vezes em que recebemos provas de amor e compreensão. A dúvida é o assassino número 1 de nossa motivação e de nossa intenção de sermos bons, o assassino número 1 de nossos relacionamentos.

Porém, tanto quanto a felicidade, você pode encontrar o amor dentro de si mesmo. E, por sorte, os passos a dar não são diferentes. O primeiro consiste em fazer uma pausa para recordar, reconhecer e valorizar todas as coisas boas. Se você recuperar o senso de valorização, começará a ver as coisas más de um modo mais construtivo e saudável, sem amargura nem raiva. Poderá remontar aos fundamentos e lançar uma luz em tudo o que for positivo para depois discutir o que precisa ser resolvido ou necessita apenas ser deixado para trás.

> *"Que costume agradável e divino esse que prescreve*
> *aos amantes repousarem sobre o mesmo travesseiro!*
> – Nathaniel Hawthorne

A gratidão nos relacionamentos lhes dá brilho e calor. E, assim como o modo de tornar nossa vida feliz é garantir a felicidade dos outros, se você oferecer ao parceiro aquilo de que ele verdadeiramente precisa, e não aquilo que *você* quer lhe dar, a gratidão dele se revelará no sorriso e na facilidade de trato, o que tornará sua vida mais fácil também.

Tente descobrir do que seu parceiro, amigo ou mesmo patrão realmente necessita. Se eles estão com sede, não lhes dê flores; dê-lhes água. Se eles estão cansados, deixe-os dormir. Dar aos outros aquilo de que precisam é fruto da compreensão autêntica, da capacidade de ouvir e de pôr de lado os próprios desejos. Não se trata de ser controlado por ninguém, como acontece hoje em tantos relacionamentos. Procure descobrir, por baixo das camadas superficiais do controle, qual é a verdadeira necessidade da pessoa – basicamente, amor e compaixão – e faça de tudo para satisfazer a essa necessidade. Dê-lhe liberdade e você mesmo se libertará.

> *"Se eu conseguisse ao menos sufocar a ânsia de inscrever meus padrões em seu coração, poderia ver você realmente."*
> – David Brandon, "Zen and the Art of Helping"

Digamos, por exemplo, que eu tenha um parceiro ou uma parceira a quem preciso compreender para vivermos juntos harmoniosamente. Sem compreensão mútua, será muito difícil manter um convívio afetuoso e agradável. O amor genuíno será obscurecido pela incompreensão, tornando difícil partilhar o afeto. Podemos nos aborrecer um ao outro ou achar que o parceiro é um incômodo. Posso tirar minha esposa à noite de um sono profundo para perguntar-lhe, "Como se sente?", julgando que isso é uma mostra de gentileza e preocupação com o bem-estar dela. Ela, porém, ressona tranquilamente e não quer ser acordada. Eu deveria deixá-la em paz. Se nos pusermos no lugar do parceiro e aprofundarmos nossa compreensão, por sobre essa base edificaremos o amor, a generosidade e um excelente relacionamento, pois, se sou compreensivo, automaticamente *agirei* com delicadeza.

Se nos entendemos, você não precisa fazer nenhum drama por ter sido um pouquinho grosseiro comigo. Eu não me *importei*. Posso ter notado, mas isso não afetou quem eu sou e sei muito bem que aquele não era você. Assim, podemos encarar as situações com mais serenidade, mais descontração. Mesmo se acontecer alguma coisa terrível ou tivermos de enfrentar um grande desafio, seremos mais flexíveis, menos intransigentes, pois sabemos que a mente molda nossa visão da "realidade", de nós mesmos e de tudo.

"Aquele que se deixar prender por uma Alegria
rasga as asas da vida;
Aquele que beija a Alegria enquanto ela voa
vive no amanhecer da Eternidade." – William Blake, "Eternidade"

Eis o que chamo de "egoísmo esperto", pois, com essa compreensão, tornamos a vida bem mais fácil. Trata-se de senso comum, que, entretanto, esquecemos com facilidade; se você quiser viver bem com sua esposa, primeiro faça-a feliz e, depois, ela sorrirá tratando-o com extremo afeto. Do contrário, sua vida será cheia de discórdia e estresse.

Se considerarmos o relacionamento com o parceiro nosso ato inicial de ternura, então poderemos pensar em fazer o mesmo por nossos vizinhos, nossos colegas, pela comunidade e mesmo pelo país inteiro. Tudo começa pelo respeito mútuo para com os seres humanos, segundo a lei simples de que, se você tornar os outros felizes, será feliz também. Sim, frequentemente nos esquecemos disso e caminhamos na direção oposta; mas se formos cuidadosos e tentarmos fazer o melhor a cada dia, isso fará muita diferença!

Eu estou bem, você está bem

O amor, ou aquilo que pensamos ser amor, é frequentemente confundido com emoções mais violentas. É fácil nos apegarmos a uma versão qualquer do amor, que, no entanto, tende a trazer consigo o orgulho, a possessividade, o ciúme e a insegurança. Nossa confiança serena desaparece e passamos a ser controlados pelas emoções ou pelo desejo de controlar o parceiro. Lembre-se: você está bem assim como é e o mesmo se dá com seu parceiro. Vocês convivem para melhorar um ao outro, ajudar-se, trocar calor humano, risos e, é claro, felicidade.

Você pode achar que quer ou precisa pertencer a alguém ou que alguém deve pertencer a você. Que ser objeto de desejo prova seu valor de alguma maneira ou que depender de um parceiro traz tranquilidade e segurança. Porém, na verdade, a melhor maneira de adquirir segurança e tranquilidade é ser confiante e independente; assim, poderá apreciar a companhia do parceiro sem que nenhum dos dois se sinta constrangido ou controlado. Você conseguirá abrir o coração porque não dependerá desse amor; estará muito bem da maneira como estiver.

Talvez seja necessário algum tempo para você desenvolver essa confiança, se sempre foi instruído a ser dependente; mas, se praticar algumas das ideias deste livro, sem dúvida, uma sensação de leveza brotará em seu íntimo, juntamente com a de independência, que enriquecerá seu relacionamento. Agora, pode achar que talvez não consiga ser você mesmo sozinho, que seu maior medo na vida é a solidão. Ou se postar no outro extremo, fechando-se a novos e maravilhosos relacionamentos por recear que, abrindo o coração, ficará vulnerável e sujeito a ser rejeitado. Como sempre, tome o caminho do meio, seja aberto e independente que seus relacionamentos florescerão.

Não mude só para agradar seu parceiro nem espere dele o mesmo. Para você é um alívio sair da caixa em que seu ego o manteve preso a vida inteira; não se sinta, pois, tentado a encerrar os outros em caixas ou a aplicar-lhes rótulos. Se não permite que os outros sejam o que são, como espera ser o que é? Caso deseje mudar, mude do fundo do coração em benefício de ambos, com motivação sincera e não com vistas a um resultado qualquer, pois nada garante que as coisas acontecerão conforme o planejado; as coisas simplesmente acontecem.

Escutem um ao outro

Ser bom ouvinte é uma prática que fortalecerá sua compaixão, acalmará suas paixões desenfreadas e lhe permitirá ajudar realmente os outros em todos os seus relacionamentos, íntimos ou de trabalho, na vida social, etc. Como meditar, ouvir atentamente significa desacelerar, pôr de lado distrações e compromissos. O que essa pessoa está me dizendo? Como poderei ajudá-la com minha resposta?

SONDE O SEU CORAÇÃO

Você tende a encarar seus relacionamentos como lucro ou perda? Quer sempre que as pessoas o respeitem e admirem? Ou suspeita algumas vezes que está sendo traído por amigos invejosos? Isso acontece porque você se esqueceu de algo que lhe pertence desde o início dos tempos ... seu coração tem a capacidade inata de sorrir.

Pais

Uma das lições mais importantes que um pai pode ensinar ao filho é o respeito. Pois, mesmo sem a sabedoria da idade e da experiência, o respeito lança alicerces sobre os quais é possível edificar a compaixão, a ternura e o amor à medida que o filho cresce e adquire sua própria personalidade.

Muitas crianças, infelizmente, não têm a chance de aprender a respeitar o mundo à sua volta. O alimento que comem não lembra em nada sua fonte natural. Assim, vivem cercadas de concreto e ruídos feitos pelo homem, não de árvores e sons da natureza. Por isso, ignoram se é importante ou não zelar pelo mundo e até pela rua onde moram. Sem respeito pelos vizinhos e pelo que acontece diante de sua casa, como poderão essas crianças desenvolver o respeito por si mesmas e como terão acesso ao otimismo natural que floresce dentro de todos nós? Você dirá que essa é uma questão de pobreza e oportunidades; mas há no mundo inteiro famílias e aldeias para as quais ter pouco não é obstáculo à felicidade diária. Os seres humanos precisam de alimento suficiente e de um teto sobre sua cabeça; sem isso, há realmente sofrimento e tais situações infelizmente são comuns por toda parte. Porém, afora comida e abrigo, os bens materiais desempenham papel secundário naquilo que de fato importa.

Se algumas crianças são instruídas a não ter confiança alguma em si mesmas e a não esperar nada do mundo, no outro extremo do espectro, muitas sucumbem ao excesso de pressões a ponto de crescer com medo de não conseguir alcançar o topo por mais que se esforcem. Hoje, há muita competição no mundo, desde o momento em que a criança pronuncia sua primeira palavra ou dá seu primeiro passo. Quando vão para a escola, as crianças já desenvolveram um senso do eu frequentemente baseado em comparações com as outras, não nas sementes da verdadeira compreensão e aceitação de si mesmas. Quando vemos uma criança simplesmente brincando com plena liberdade, sem saber se terá de ser "o melhor" ou não, isso é inspirador, repleto de alegria natural.

Entretanto, por mais óbvia que seja, essa atitude vai contra tudo o que nos ensinam: ter emoções violentas, ser melhores que os outros, ganhar dinheiro suficiente para dar sequência ao ciclo de consumo no qual as economias do mundo moderno encontram seus mais sólidos alicerces. Fomos apanhados de tal maneira nesses ciclos que os transmitimos aos filhos cada vez mais cedo. Eles sabem a diferença entre Nike e Adidas antes de saber de onde vem uma cenoura.

Os talentos das crianças devem ser cultivados e estimulados, mas não convém superestimá-los porque então elas farão o mesmo e o prazer se transformará em medo. É natural querer elogiar os filhos; e se os elogiarmos sem rotulá-los, seu coração e mente permanecerão abertos e livres. Se aceitarmos os filhos da maneira como são, eles se tornarão pessoas maravilhosas.

Transforme a raiva em compaixão

"Ruminar a raiva é como pegar uma brasa para atirá-la em alguém; é você que se queima." – Buda

Se não gozamos de paz individual, como esperar que o mundo seja pacífico? De que modo cultivaremos o senso de paz para transformar a raiva em compaixão?

A paz é o estado normal de nossa mente, de nossa natureza. Porém, enquanto estivermos nos debatendo sob o jugo do ego ou dos apegos, não conseguiremos experimentá-la. É como um homem muito pobre que, sem saber, tem um grande tesouro escondido sob a cama. Vem então outro mais esperto e mostra-lhe o tesouro; ao descobrir que possui tamanha riqueza, ele se sentirá tremendamente feliz e agradecido. Assim, também, temos muita paz na mente, mas não nos damos conta disso. Eis o motivo de lutarmos tanto na vida, eis o motivo de as coisas se tornarem destrutivas.

Há certos incidentes, no dia a dia, que parecem estar sempre apertando nossos botões da raiva. Para muitos, isso acontece quando percebem uma infração às normas comuns de cortesia, como os palavrões no trânsito. A raiva pode ser 100% justificada nos casos de agressão ou dano sério a um ente querido. Acho que o melhor é investigar a raiva em vez de obedecer a ela cegamente. Assim, poderemos descobrir com o coração se ela é parte de um processo terapêutico cujo objetivo seja perdoar ou se não acarreta bem algum, apenas nos faz sentir incomodados.

A meu ver, o ritmo frenético que as pessoas atualmente imprimem à sua vida pode muitas vezes provocar pânico. Desse modo, perante os obstáculos que surgem (e sempre vão surgir), elas reagem com a "cabeça quente" e não com calma, perguntando "Que devo fazer agora?". Fato curioso, a despeito dos progressos da tecnologia que, aparentemente, facilitam nossa comunicação uns com os outros 24 horas por dia, estamos tendo cada vez menos oportunidades de fazer contato com os nossos

O CORPO "COLÉRICO"

A conexão mente/corpo nunca fica tão clara como quando a pessoa é dominada pela raiva. As manifestações físicas dessa conexão incluem respiração entrecortada, pulso rápido e muitas vezes sensação de calor. Porém, assim como emite os sinais da raiva, nosso corpo pode também nos ajudar a controlar essa emoção.

RESPIRE PARA COMBATER A RAIVA

Quando você se encoleriza, nem sempre repara nisso no momento, mas sua respiração fica muito curta e superficial. Às vezes, pode sentir que sua voz enfraquece a ponto de se tornar inaudível mesmo quando você tenta gritar: soa cava e ineficiente.

Se você conseguir perceber que a raiva está surgindo, dê a si mesmo uma chance de apagar as chamas antes que elas aumentem: concentre-se na respiração. Respire a partir do abdome, lentamente e sem forçar. Só o fato de manter a mente afastada da raiva por uma fração de segundo ajudará a esfriar o ânimo. Valerá a pena se insurgir contra a pessoa ou o problema? Haverá algo mais que possa fazer, não para sufocar a raiva, mas para transformá-la num ato positivo?

semelhantes. Em minha opinião, grande parte da raiva que hoje existe no mundo resulta do fato de os seres humanos já não saberem se comunicar entre si. É como se nos considerássemos criaturas totalmente estranhas, sem nada em comum, embora sejamos absolutamente iguais. Em vez de nos conectarmos, tendemos a proferir julgamentos baseados em provas insignificantes, quando não sentimos medo do próximo. Não nos "aproximamos" uns dos outros e, nessa brecha que vai se alargando entre as pessoas, emoções como a raiva encontram um fértil terreno de caça. Esquecemo-nos de nossa capacidade para inspirar e convencer pelo exemplo, podendo acabar envolvidos em transações e emoções violentas que não levam a lugar nenhum.

Depois de investigar nossa raiva, podemos pensar nela de maneira mais construtiva, pô-la de lado, respirar lenta e profundamente e perguntar a nós mesmos qual o melhor caminho para resolver o problema. Talvez esse caminho seja dizer exatamente as mesmas coisas, mas com calma, não com rancor e descontrole.

A raiva se transforma em hábito

A raiva é infecciosa e pode facilmente se transformar num hábito, precipitado em certas situações por lembranças e experiências. Esse hábito é nutrido pelo ego e às vezes pelo mundo em que vivemos. Ao ver uma pessoa ou presenciar uma ação, é como se um fósforo se acendesse, trazendo à tona os mesmos sentimentos antigos. Talvez você tenha sido educado por um pai de "pavio curto" e siga suas instruções metendo-se em conflitos violentos por pequenas coisas. Uma parte de você pensa que ninguém o ouvirá se não erguer a voz. Ou você não sabe ao certo a causa de seus acessos de raiva; em geral, é uma pessoa calma e bonachona, mas, quando presencia algo que ofende seus valores ou supõe que está sendo criticado, todos os sentimentos pacíficos saem voando pela janela e você perde a cabeça. Reflita um pouco sobre isso e logo descobrirá os padrões subjacentes de sua raiva. Pode haver gatilhos que coloquem seu ego vulnerável na defensiva ou certas coisas a respeito das quais suas crenças são rígidas e inabaláveis.

Não lute contra sua raiva, punindo-se toda vez que ela vem à tona. Ela não é algo que você gostaria de sepultar bem no fundo de seu ser, onde literalmente o roeria. Deixe que ela se manifeste e dê-lhe tempo para serenar. Quando estiver de bem com o mundo, tente descobrir por que se deixa dominar pela raiva, quais são os fatores que a provocam, seus hábitos... Ao tomar mais consciência disso tudo, reconhecerá sem dúvida que as pequenas coisas responsáveis por sua raiva já não têm tanto poder sobre você. Ao romper com seus apegos, não dar atenção a seu ego e ver o mundo em derredor com mais compreensão, dando-lhe o devido valor, perceberá que pode contemplar as coisas de uma perspectiva nova e não reagir intempestivamente. Passará a encarar os "problemas" com mais criatividade, à medida que for desenvolvendo sua mente inspiracional, e buscará soluções em vez de pretextos para se queixar.

Acha que pode promover uma mudança em sua vida para quebrar esse hábito? Digamos que você fique furioso ao ver um rapazola jogando lixo na rua, mas sinta-se impotente e mesmo amedrontado para dizer alguma coisa. Talvez possa, conversando com outros, encontrar uma boa maneira de inspirar esses adolescentes, em vez de apenas censurá-los aos gritos. Vá além de seus próprios julgamentos e procure descobrir uma maneira simples graças à qual consiga fazer uma diferença. É assim que mostrará o mais elevado grau de compaixão.

Conforme eu já disse, frequentemente buscamos a felicidade nos lugares errados, onde ela *não* está, e não naquilo que se acha aqui mesmo, em nossa vida. Da mesma maneira, se você virar a raiva como uma moeda, talvez descubra que a compaixão lá se encontrava o tempo todo. Pais e filhos passam anos encolerizados uns com os outros por causa de uma série de equívocos, quando, se procurassem nos lugares certos, descobririam que sempre houve entre eles algo em comum, uma fonte de compreensão que poderiam ter cultivado.

Lembre-se, portanto, de que a raiva é um grande mestre. Às vezes, aconselha-o a pensar bem para encontrar uma solução melhor, recorrendo à mente inspiracional e depois à prática. Outras vezes, mostra-lhe que seu ego continua firmemente no controle. Seja lá como for, ouça sua raiva, mas não permita que ela o domine. Sua vida é preciosa demais para isso.

Fofocas e palavras ríspidas

Compreende-se que seja muitíssimo difícil praticar a compaixão com pessoas que nos ferem fisicamente. Mas somos feridos também, às vezes, por palavras. A fofoca não passa de vento, ar – ar quente. Ainda assim, como seres humanos comuns, ficamos enfurecidos ou descontrolados, querendo dar o troco. Por força do hábito, reagimos com sentimentos, palavras e mesmo atos negativos.

É muito fácil gostar de pessoas e situações agradáveis. Porém o verdadeiro teste ocorre quando você se defronta com uma situação ou pessoa das mais desagradáveis e não consegue evitar. Nesse caso, poderá praticar, em bases diárias, algo que realmente exija sua atenção. É impor-

COMO INIMIGOS SE TRANSFORMAM EM PROFESSORES

E se alguém disser uma coisa ruim a seu respeito diante de uma multidão de talvez cem pessoas, numa festa ou num evento importante, com o intuito deliberado de envergonhá-lo ou embaraçá-lo? Em vez de ficar furioso ou pagar na mesma moeda, pense que essa pessoa lhe transmitiu um grande ensinamento. Enfurecendo-o, deu-lhe a oportunidade de lutar contra a fúria. Diante dessa situação desafiadora, você pode desenvolver a paciência e a compreensão, aprofundando assim sua sabedoria. Portanto, não considere essa pessoa um inimigo, mas, sim, um professor.

tante que faça um esforço nesse sentido. Assim, se alguém disser alguma coisa negativa a seu respeito, pague-lhe dizendo alguma coisa positiva a respeito dele. Se não conseguir fazer isso, pelo menos fique calado.

"Não fale, exceto para enriquecer o silêncio." – Provérbio budista

Se você praticar o amor e a compaixão, conseguirá permanecer calmo e em seu próprio caminho mesmo que pessoas de quem você sempre cuidou e que sempre protegeu se mostrem de repente, sem motivo, desagradáveis, passando a agir como se você fosse seu inimigo. Isso se deve a um mau karma, não a você. É como um cogumelo que brota aparentemente do nada. Acontece com frequência e, como ignoram sua causa, as pessoas se tornam descontroladas e coléricas.

Isso acontece porque são afetadas pela raiva, pela inveja, pela ignorância, pelo ego e por outros absurdos. Ficam completamente sob sua influência e nem o percebem. E, como se sentem superiores de alguma forma, podem até nos ofender ou agredir: estão cegas.

Embora seja difícil, se você for um iluminado ou mesmo um principiante, não deverá pagar o ódio com o ódio. Não será melhor procurar entender por que aquelas pessoas dizem tais coisas? Se você agir da mesma forma, em que será diferente? Que terá aprendido?

Você também pode ser tentado a criticar os outros, a espalhar fofocas sobre eles. Muitas pessoas, em definitivo, adoram fazer isso. Sempre que falamos de alguma coisa ou pessoa, em questão de minutos já começamos a censurá-las. Não conseguimos nos conter, é um hábito. Mas quem somos nós para, realmente, julgarmos que conhecemos aquela pessoa? Talvez ela seja na verdade um grande mestre disfarçado. É, pois, sempre bom tentarmos nos livrar do hábito de criticar nossos semelhantes. O que os outros fazem não é da nossa conta. É da conta deles. Sendo assim, que façam o que quiserem. O melhor é ficarmos em silêncio.

Desse modo, começamos a falar com mais gentileza e cuidado. A motivação pura e certa dissemina felicidade. Palavras bondosas são importantes. Além disso, tranquilizar os outros nos dá uma aparência serena. Para isso, no entanto, você precisa antes tomar consciência de si mesmo porque, do contrário, talvez consiga se controlar uma ou duas vezes, mas um belo dia perderá a cabeça. A conscientização é importante em tudo; com ela, você pode derrubar os obstáculos que se erguem em seu caminho, pode manter controladas as emoções violentas, pode conservar o equilíbrio e persistir no caminho do meio em vez de se desgarrar ou ser arrebatado pelo turbilhão. Não se trata de ser rígido ou conservador demais na vida. Ria, divirta-se; o bom de tudo é que, graças à consciência, não precisará rir à custa dos outros.

Ouça com compaixão

Uma prática excelente para prevenir a irrupção da raiva é dominar a arte de ouvir. Quando ouvimos de boa vontade, colocamo-nos no lugar da outra pessoa e concluímos que ela é mesmo um ser humano como nós. Devemos pôr de lado os juízos de valor quando ouvimos – o que no começo nem sempre é fácil porque crescemos aprendendo a julgar tudo o que vemos e escutamos. Entretanto, se conseguirmos apenas dar atenção às outras pessoas, em vez de nos encolerizarmos, procuraremos compreendê-las, ainda que se exprimam ou ajam de uma maneira aparentemente ofensiva ou injusta.

Fale sobre suas emoções e ouça com compaixão o que os outros têm a dizer; a compreensão é uma via de mão dupla. Se conseguir escutar de boa vontade e sem juízos prévios as pessoas próximas de você, mesmo as que mais o aborrecem, então começará a encará-las de maneira verdadeiramente compassiva. Poderá então, com serenidade, examinar seus sentimentos em relação a elas, esmiuçá-los e vê-los como realmente são. Você quer sentir raiva dessas pessoas ou permanecer calmo, pacífico, não importa o que lhe façam?

Espero que, à medida que praticar, avançando com passo mais leve, descubra que sua raiva se dissipa. Fortaleça-se apelando para a natureza, para momentos de contemplação e reflexão. Vá atrás daquilo que o inspira, esquecendo o que o enfurece. Converse com seus amigos, seus mestres; eles o ajudarão a descobrir as causas dos acessos de raiva que o dominam e o modo de anular os fatores que os desencadeiam. Não é fácil. Porém, com menos raiva na vida, abre-se um espaço enorme para a inspiração, o gozo e, simplesmente, a busca das coisas que realmente importam.

O destemor em tempos conturbados

"Que a coragem seja tua amiga."
– William Shakespeare, "Cimbelino"

Temos um caminho longo e acidentado a percorrer na vida. Não me importo com os sacolejos, mas, quando vejo a estrada estendida à minha frente, sinto um pouco de medo. Nenhum de nós sabe aonde ela vai dar e, por isso, vivemos de esperanças e temores. Como a maioria, gosto dos períodos de esperança – mas, infelizmente, a esperança quase sempre vem acompanhada do temor. Pensar nisso estraga meu café da manhã. Se você tiver a sorte de não se sentir assim, então eu bem que gostaria de me refugiar em seu barco.

Por exemplo, você fica muito feliz quando vai encontrar uma bela namorada ou um bonito namorado com quem sempre sonhou; ou quando obtém no trabalho a grande promoção que vinha ambicionando. Cedo ou tarde, esses maravilhosos sentimentos ganharão a companhia do medo: medo de perder tudo, medo de nada dar certo, medo de não ser bom o suficiente.

No mundo moderno, o medo e a ansiedade parecem ter alcançado níveis epidêmicos. Se nós alimentamos altas expectativas com relação a nós mesmos e à vida, o medo surge naturalmente, pois tememos pelo que possa acontecer caso não estejamos à altura dessas expectativas ou caso a vida não decorra de acordo com os nossos planos. E, como raramente a vida corresponde ao que esperamos dela, se alguma vez já ficamos desapontados, receamos que isso volte a acontecer caso nos arrisquemos de novo.

O problema é que, em excesso, o medo nos mantém presos onde estamos, não nos permitindo ir em frente e fazer o melhor que pudermos. E o melhor que podemos fazer é encarar nossos medos com coragem e honestidade – sem negá-los, mas também sem permitir que atrapalhem nossa vida.

O estado normal ou natural de nossa vida é realmente o destemor; se você cultivar esse estado natural, ganhará muita confiança. Quando não mais sentimos a necessidade de ser perfeitos ou comparar-nos a outros, nem de levar a sério cada crítica insignificante, começamos a gozar essa agradável sensação de audácia e confiança.

Imagine o seu dia livre de autocríticas ou julgamentos alheios, livre de embaraços e sem medo "do que possa acontecer"! Aceitar não significa que você desdenhe o mundo à sua volta ou não deva perseguir com tenacidade seus objetivos; essa atitude apenas nos lembra de que nenhum de nós é perfeito, nem melhor nem pior que qualquer outro. Por que, então, não adotá-la e sermos nós mesmos, em vez de perder tempo com preocupações infundadas?

A valorização também alimenta a confiança e o destemor. Quando lançamos os olhos para todas as coisas que merecem nossa gratidão no cotidiano, tudo se desanuvia e tornamo-nos mais otimistas. Se você valoriza o momento, vive mais no presente, ligando-se às pessoas, à existência. Entra na festa, em vez de ficar de fora. Valorizar os outros é uma forma de generosidade que irá, por sua vez, trazer-lhe mais satisfação, eliminando seus medos. Se puder ver o bem no mundo e nas pessoas que o cercam, verá o bem em você mesmo. Longe de recear o que possa acontecer, vai se sentir motivado a agir.

Ser corajoso não quer dizer que jamais se deparará com os medos, pois eles são parte natural de nossas esperanças, as quais, por sua vez, são parte natural da vida. Como a raiva, o medo pode se revelar um grande professor. Por exemplo, quando estou na Inglaterra e alguém me faz uma pergunta, frequentemente tenho dificuldade em responder. Ao perguntar, parece que as pessoas falam só sobre o que pensam, e eu fico sem saber o que dizer. Sinto-me confuso e até um pouco intimidado porque associo meu ego à situação. "Isso é uma pergunta?", indago por minha vez. Temos aqui apenas um pequeno exemplo de medo, mas a verdade é que vivenciamos tais situações o tempo todo e, por isso, nosso dia a dia deve ser usado como fonte de conhecimento.

Para muitos, o medo é um fardo extremamente penoso, a ponto de levar alguns ao suicídio. Infelizmente, essas pessoas não conseguem transformar seus medos em sabedoria, pois eles se tornaram fortes demais. O senso do "eu" se dilata e a verdadeira essência da vida se contrai, ficando fora de alcance. Por isso digo sempre que a aceitação é a luz que me orienta na vida. É um alívio reconhecer, do fundo do coração, que estou bem como sou, que o meu melhor é suficiente. Se eu pudesse legar alguma coisa a alguém, seria a aceitação. Ela nos dá poder.

Prepare-se para o pior

Na filosofia budista, há inúmeros ensinamentos sobre a morte e a maneira de nos prepararmos para ela – pois só quando estamos devidamente preparados para morrer é que conseguimos realmente *viver*. No mundo moderno, a maioria das pessoas tem tanto medo da morte que se recusa a pensar nela; refletir sobre essa certeza, que todos temos, é considerado negativo ou deprimente. Porém, para mim, o fato de as pessoas literalmente fugirem da morte é causa de mais depressão, medo e ansiedade. Ao contrário, se estivermos preparados, se aceitarmos que podemos partir amanhã, não teremos mais oportunidades de viver e aprender hoje?

Talvez a ideia de que lamentaremos a vida se pensarmos na morte nos faça esquecê-la ano após ano. No entanto, agindo assim, esquecemo-nos também da vida, perdemos o rumo ou só nos ocupamos de tolices, ignorando a felicidade que está bem ao nosso lado.

Ocorre igualmente que você talvez planeje sua vida em longo prazo, olhando sempre para a distância, perseguindo versões futuras de si mesmo e de sua condição, temendo o que possa acontecer caso se apegue ao presente. Talvez ache que planejar seja a melhor maneira de se preparar. Sem dúvida, você precisa trabalhar com afinco para não ficar sem teto amanhã, mas isso não deve impedi-lo de viver hoje. Afinal, tirar o máximo do momento presente é o que se espera de você, dentro de suas possibilidades. Assim, você tornará o mundo um lugar melhor, por mais modesta que seja sua contribuição. E contar com a incerteza da vida é a melhor preparação para a morte que podemos possuir.

PENSE NA MORTE

É boa ideia reservar algum tempo para refletir sobre a morte quando estamos alegres e descontraídos. Faça isso depois de um dia tranquilo, pois assim os pensamentos não o assustarão e você poderá analisá-los de alma aberta para ter uma visão realmente clara do assunto. Esses são os melhores momentos para a contemplação, e não aqueles em que nosso espírito está confuso, às voltas com distrações ou graves desafios.

O medo do fracasso ou, às vezes, do sucesso

Quando você cogita de iniciar um novo relacionamento, aceitar um novo emprego, mudar-se para outra cidade ou país, é natural que se veja assaltado por receios e incertezas. Não sabe se está tomando a decisão "errada" ou se terá êxito no empreendimento. Em certas fases da vida, esse medo se torna tão forte que nos paralisa, impedindo-nos de assumir qualquer atitude e atormentando-nos com o que possa acontecer.

> *"Não importa qual seja a sua decisão, sempre aparecerá alguém para dizer que está errado. E sempre haverá dificuldades diante das quais acreditará que seus críticos estão certos."* – Ralph Waldo Emerson

No entanto, se você tem plena consciência de suas decisões e escolhas na vida, se ouve e segue os ditames do seu coração, procurando simplesmente fazer o melhor, não precisa temer o fracasso. Mesmo que o novo relacionamento não dure e aquela pessoa não se torne seu parceiro de toda uma vida, pense nas lições que pode aprender com a experiência. Se, nos negócios, tentou algo que não funcionou, aproveite a lição para suas futuras decisões: considere-a mais um passo ao longo da jornada.

Se você sente que algo não deu certo, é claro que ficará aborrecido: mas não rumine a ideia de que fracassou. Você foi gentil e generoso para com aquela pessoa, tomou aquela resolução empresarial de boa-fé? Então não há por que censurar a si mesmo, não há por que censurar nada nem ninguém! Se conseguir eliminar a censura de seus pensamentos, os medos também começarão a desaparecer e você poderá voltar à ação ainda hoje.

> *"Aprenda a levantar-se onde outros caíram."* – Provérbio tibetano

Você talvez receie, caso tenha êxito, ter de assumir mais responsabilidades e que os riscos sejam maiores se as coisas acabarem mal. Penso que isso faz parte das expectativas colocadas sobre os ombros de todos no mundo moderno. Espera-se que alguns fracassem, e isso é muito triste, enquanto outros, mal suportando o peso das pressões para vencer, só pensam em fugir. Há a pressão para fazermos melhor que nossos pais, melhor que nossos vizinhos, melhor que nossos colegas de escola. Muitas pessoas maravilhosas, de talento, afastam-se de seu verdadeiro objetivo, de seu trabalho na vida, em razão das pressões associadas ao sucesso. Temem o fato de que, quanto mais alto subirem, mais baixo poderão cair.

Por isso enfatizamos tanto o "caminho do meio" na filosofia budista. Quando você mantém o equilíbrio, sabendo que não está muito perto do precipício e pode seguir adiante com segurança, não é detido por esses medos e consegue ir longe. Não há motivo para perseguir ansiosamente o sucesso ou temê-lo se encarar as coisas com serenidade, pisar de leve e tomar suas decisões com coração puro. Do mesmo modo, não receie o fracasso porque ele logo se torna uma lição preciosa, como qualquer dos altos e baixos da vida.

Quando alguém me pede para dar uma aula ou palestra, não hesito. Penso, por isso, que não sou uma pessoa de muitos apegos. Relaxo e só digo o que quero. Se alguns ouvintes não gostarem, que posso fazer? Se outros gostarem, agradeço! Nada disso importa. Apenas cumpro meu dever e falo o que me vem à cabeça espontaneamente. Se me mostrasse muito sério e muito rígido, não seria capaz de fazer isso, pois não teria coisa alguma a dizer. Ficaria perdido sem uma "cola" ou um roteiro qualquer. Eu acharia difícil falar e eles não achariam fácil ouvir.

O segredo é relaxar, abrir-se, ser menos formal. Desse modo, os absurdos desaparecem e você descobre o que é certo. Apenas faça o que tem de fazer!

Nossas melhores armas para compreender e desafiar o medo são, uma vez mais, o amor e a compaixão. Quando a compaixão aumenta, rouba espaço do egoísmo e, portanto, do medo, num processo que, entretanto, pode levar tempo, pois o ego é frequentemente muito forte. Você precisa, primeiro, *aceitar-se* para depois aceitar os outros e transmitir seu amor como uma espécie de radiação; no princípio, para sua família imediata, em seguida, aos poucos, para todos. Nada é mais forte que o amor, o maior poder do mundo, com o qual você viverá sem medo.

Lembretes diários

Compaixão Bondade Esperança Medo Mudança
Morte Humildade Paciência Raiva Tolerância
Valorização Simplicidade Reflexão Rejeição Liberdade
Tempo Apego Atenção Inspiração
Generosidade Controle Amor

Considere essas palavras em sua contemplação sempre que se achar disposto a aprender sobre si mesmo e o mundo. Quando você está calmo e bem disposto, consegue determinar seu caminho por meio dos conceitos mais difíceis, com delicadeza, mas estimulando seus pensamentos e sentimentos a empreender uma pesquisa meticulosa. Se o cotidiano lhe apresentou um desafio, tome-o, se puder, como uma lição, porque assim evoluirá ainda mais rápido. Lembra-se do discípulo que não se encolerizava?

Abra e ouça seu coração – que palavras ele lhe disse hoje? Não tente encontrar todas as respostas de uma assentada, seja tolerante consigo mesmo e só privilegie as coisas boas; descubra o que vem fazendo bem e o que gostaria de melhorar, mesmo um pouquinho.

Segundo a filosofia budista, há algumas coisas difíceis de alcançar neste mundo. Às vezes, convém nos lembrarmos de que somos principiantes e, portanto, elas não virão com facilidade nem rapidez, mas mesmo assim merecem ser praticadas no dia a dia.

- É difícil vencer as paixões e suprimir os desejos egoístas.
- É difícil não ser passional diante do desprezo.
- É difícil não cometer abusos de autoridade.
- É difícil lidar com os outros de mente serena e coração leve.
- É difícil aprender a fundo e investigar em minúcia.
- É difícil sufocar o orgulho egoísta.
- É difícil não desdenhar os ignorantes.
- É difícil calar opiniões sobre os outros.
- É difícil ter um vislumbre da natureza do ser e praticar o caminho.
- É difícil manter sempre o autocontrole.

Aprecie a jornada

- Reserve um tempo, diariamente, para contemplar as coisas boas.
- Às vezes, temos de lembrar a nós mesmos que a vida é preciosa.
- Aceite os altos e baixos. Se hoje foi um dia bom, ótimo; se não, ótimo também.
- Lembre-se de que estamos todos no mesmo barco.

Seu corpo do dia a dia

- Pense nas muitas coisas incríveis que seu corpo faz diariamente: anda, conversa, extrai nutrição do alimento, enxerga e ouve o mundo, sente-o pelo tato.
- Pense também nas coisas invisíveis: o coração batendo mais rápido quando a criatura amada se aproxima, o calor do toque humano carinhoso, a torrente de endorfinas com que seu corpo agradece o exercício.
- Pense em como o stress afeta seu corpo físico, em como o estado mental o faz sentir-se. Compare isso às sensações do corpo em estado de calma e relaxamento.
- Cultive todos os seus sentidos: contemple a beleza do mundo à sua volta, aspire o seu aroma, ouça atentamente seus sons, evoque a delicadeza da carícia, saboreie cada bocado de comida.

Felicidade diária

- A cada dia, fazemos escolhas e tomamos decisões. Se estiver numa encruzilhada, pergunte-se: "Que caminho me conduzirá à felicidade e não ao simples prazer?"
- Você pode optar por trazer harmonia, alegria, compreensão e iluminação ao mundo. E pode começar a fazer isso hoje: basta que divida seu calor humano com os outros.
- Reflita um pouco sobre aquilo que o inspira, que o motiva. Procure isso no cotidiano.
- Reserve algum tempo para apreciar as coisas simples. Faça uma deliciosa xícara de chá para seu cônjuge, pare um momento para ouvir os passarinhos, dê atenção a todos no trabalho e descubra o que realmente quer dizer.
- Passe um sorriso adiante.
- A felicidade virá quando você a proporcionar aos outros.

Aprecie o cenário

- Todos somos filhos da natureza e fazemos parte da natureza; *somos* a natureza.
- Faça uma pausa para olhar em volta e apreciar a jornada; assim, começará a conhecer o mundo, a você mesmo e àquilo que o inspira.
- Se respeitar a natureza, respeitará a si mesmo.
- Se diminuir a marcha para se conectar com a natureza, achará mais fácil conectar-se com seus semelhantes e esquecerá a ansiedade.
- Deixe que a natureza estimule todos os seus sentidos.

Caminhe em boa companhia

- Valorize as pessoas que lhe dão afeto e apoio, que lhe ensinam o caminho certo; valorize-as de todo o coração.
- A boa companhia alimenta a compaixão, a bondade, a sabedoria e a serenidade mental. Encarna o espírito que inspira e encoraja.
- Confie na intuição quando estiver com outras pessoas. Que tipo de energia elas estão lhe transmitindo? Você é um bom companheiro?
- Acredite em seu guru interior, permita que sua confiança natural floresça e saiba que você pode ser o seu melhor amigo.
- Tome cuidado com os companheiros negativos, aqueles que o desencaminham, seus próprios inimigos mentais sempre prontos a dizer-lhe que não é suficientemente bom, impedindo-o de crescer e expandir-se.
- Lembre-se de que nada é impossível quando caminhamos juntos.

Um passo leva a outro

- O passado já não existe. O futuro ainda não chegou. Assim, procure ver a vida como ela é.
- Você está empregando seu tempo proveitosamente? Relaxa e se concentra no trabalho ou só se preocupa com o que aconteceu ontem e pode acontecer amanhã?
- Hoje é a fonte do futuro; portanto, ocupe-se do presente.
- A mudança é realmente uma boa coisa; mostra que tudo é possível, torna fascinante o ritmo da vida.
- Não tente controlar o tempo: é impossível. Mais vale encarar as coisas com serenidade.

Pise de leve

- Como disse o Buda, "Não carregue consigo seus erros. Não carregue consigo suas preocupações".
- Esqueça o "Eu deveria...".
- Não aplique rótulos a nada nem a ninguém. Quanto mais liberdade nós dermos aos outros, mais livres seremos.
- Tome cuidado com as emoções "quentes" da raiva, da inveja, do orgulho e do desejo. Não permita que elas turvem sua mente e controlem suas ações. Ponha-as de lado para abrir espaço ao amor e à bondade, à criatividade e à inspiração, à paciência e à tolerância.
- Pare de se comparar com os outros porque, assim, se rejubilará com o seu sucesso e o deles.
- Não exija demais de si mesmo.

Vá mais devagar

- Diminua a velocidade e encontrará diversas maneiras de se conectar com a vida – com os outros, com os seus objetivos, com você mesmo.
- Saboreie o momento e saboreará a vida.
- Viver de maneira mais consciente é mais relaxante e dilata o tempo para fazermos grandes coisas.
- Se você andar a passo mais lento, poderá parar para ajudar seus semelhantes. Não se apresse para chegar ao próximo destino.
- Concentre-se numa tarefa por vez e goze cada coisa de cada vez.
- Se você desacelerar e tornar-se mais consciente, poderá fazer ao eu interior qualquer pergunta, por mais difícil que seja, e obterá a resposta.

Desenvolva sua mente compassiva

- Examine, decida e aja; essa é a essência do treinamento da mente. Assim viverá a vida que realmente quer viver.
- Com um pouco de calma e silêncio, nossos pensamentos se tornam mais amistosos.
- Comece se familiarizando com as coisas ao seu redor, com sua jornada, com a tranquilidade de seu quarto.
- Analise seus altos e baixos: como passou o dia hoje?
- Faça com que sua mente se esvazie, se descontraia sem esforço. Não tente "ajustá-la"; ela mesma se ajustará quando tiver espaço.
- Não se assuste com o silêncio e a quietude; essas coisas são como bálsamo refrescante e curador.

Amor e bondade todos os dias

- Se você é feliz consigo mesmo, então dispõe do melhor alicerce para edificar sobre ele o amor.
- Amar é compreender.
- Bondade gera bondade. A bondade aquece e alimenta a alma. Podemos escolher entre sermos maus uns para os outros ou encorajarmo-nos mutuamente. Cabe a nós decidir.
- O amor nos faz sentir naturalmente vulneráveis. Mas é bem melhor aceitar a incerteza do futuro, pois assim não desistimos e aproveitamos as oportunidades.

Generosidade diária

- Comece devagar. Mais vale dar incondicionalmente do que dar muito.
- Não se obrigue a dar. Mas dê o que pode do fundo do coração e com alegria.
- Dê discretamente. Não faça alarde desse ato.
- Se não puder dar tudo, dê metade.
- Dê o que for possível, seja conhecimento, proteção ou inspiração.
- Pense diariamente no que poderá fazer para ajudar os outros, mesmo em pequena escala. Pratique a bondade mental, seja generoso em pensamentos e palavras.

Paciência diária

- A humildade abre a mente e o coração para as lições que a vida oferece. O orgulho não para de falar, tornando difícil ouvir o que os outros estão dizendo.
- Você não tem a obrigação de ser bom em tudo!
- Ignore a raiva nem que seja por um momento e abrirá espaço à paciência. Procure ver as coisas por um ângulo diferente e busque a solução, não o problema.
- Ter paciência exige muita coragem; ser calmo, muita força. Você pode se tornar uma pessoa bastante compreensiva e um ouvinte maravilhoso.
- A paciência nos faz fortes nas horas difíceis e humildes em pleno sucesso.

Disciplina diária

- Se você tiver alegria no coração, a diligência e a disciplina o levarão longe em seu caminho.
- Com inspiração e devoção, empenhamo-nos em nossos objetivos e não nos omitimos dizendo que começaremos amanhã.
- Se quiser adquirir mais controle sobre a comida e a bebida, pense em como se sentirá feliz ao final do dia caso tenha ingerido apenas alimentos naturais e nutritivos, que dão energia e não gordura ao corpo.
- Caminhe a passos curtos em vez de tentar dar um grande salto. Não se force.
- Continue andando.

Como combater o estresse

- Se você conseguir se aceitar como é e esquecer tanto os apegos quanto as expectativas, o estresse também perderá força. Se for flexível, abrirá espaço para que coisas maravilhosas aconteçam.
- Use a meditação e a contemplação para aquietar a mente; determine quais coisas realmente importam em sua vida e comprometa-se a levá-las a termo em primeiro lugar. Aprenda a ficar sentado em silêncio e recuperará a confiança.
- Não tente vencer nem perder e esqueça a ânsia de ser melhor que os outros. Faça o *seu* melhor.
- Não remoa equívocos e críticas. Tenha a coragem de aceitá-los, aprenda com eles e vá em frente.

Relacionamentos

- A liberdade que você dá aos outros o torna livre.
- Esqueça as dúvidas e concentre-se no modo como um determinado relacionamento o estimula e ampara. Dê-lhe espaço, que ele ajudará sua sabedoria e compaixão a florescer.
- A gratidão dá brilho e calor a um relacionamento. Pergunte a si mesmo quais são as necessidades de seu parceiro ou amigo e ponha-as antes das suas. Será recompensado com o sorriso e a felicidade do outro, que em troca se perguntará do que você necessita.
- Seja autêntico, independente, e ouça com atenção para se colocar no lugar de seu parceiro.
- Os parceiros devem se tratar com respeito; essa é a base sobre a qual todos nós edificamos a compaixão, a bondade e o amor.

Raiva

- Lembre-se de que a paz é o estado natural da mente.
- Se você conseguir ir mais devagar, verá que sua tolerância aumenta e você fica menos propenso aos acessos de raiva.
- Investigue sua raiva, vá além dos motivos superficiais que a precipitam e descubra de onde ela surge.
- Não se esqueça de que, basicamente, todas as pessoas são iguais. Mesmo quando falam ou agem movidas pela ignorância, devemos permanecer fiéis à nossa natureza. O ódio não anula o ódio.
- Fale com educação e em voz baixa.

Destemor

- O medo é um companheiro natural das grandes expectativas. Pense mais sobre o que irá fazer hoje e se preocupará menos com o que possa acontecer amanhã.
- Ouça seus medos: o que é que eles estão lhe dizendo? Onde há medo, há geralmente um motivo de preocupação. Mostre-se tolerante para consigo mesmo; mas, se você sentir medo, esse talvez seja um bom momento para agir.
- Se você está preparado para o pior, pronto a aceitar até mesmo a morte, então não tem mais nada a temer. Considere-se livre.
- Errar é humano. Os erros são parte da vida – por isso, não permita que eles o abalem.
- Seja menos formal e mais espontâneo. Deixe as águas rolar.
- Lembre-se: o amor e a inspiração robustecem a coragem.

Iluminação

Iluminação significa "força", com a qual podemos beneficiar nossos semelhantes. Muita gente acha que ser iluminado é mais ou menos como se transformar numa estátua, não fazer nada e ficar olhando o vazio. Bem, se essa é a sua ideia, você não está realmente falando de iluminação, mas de algo parecido a um retiro mundano, que é muito tedioso e cansativo.

A iluminação é o resultado final da "compreensão perfeita" ou o aperfeiçoamento da sabedoria, do amor e da compaixão. O "coração da iluminação" também é chamado de *Bodhicitta*, que podemos traduzir como "o cerne do entendimento" ou "o coração pleno de compreensão". Tornar-se um Buda ou iluminado significa que você se tornou um Ser Perfeito, possuidor da Força Perfeita. Não é de forma alguma fácil atingir essa perfeição, mas podemos percorrer o caminho que conduz a ela, colhendo aqui e ali fragmentos de sabedoria. Valorize e se rejubile – mas sem expectativas. Não importa se as pessoas o tratam mal, não importa se o traem, não importa se nem lhe dizem "obrigado"; valorizando o que está à sua volta, das boas às más experiências, você dará significado à vida, que se tornará repleta de compreensão, alegria, força e coragem.

Podemos nos refugiar em cavernas, esconder-nos em retiros e gastar horas meditando, o que, segundo se supõe, ajuda a aprofundar nossa compreensão ou nos dá algum conhecimento sobre as experiências íntimas e a mente. Mas, se não traduzirmos em atos esse conhecimento e essa compreensão, tudo o que houvermos aprendido e praticado não será mais que palavras vazias. Temos de sair para o mundo e ajudar, gradativa e diariamente, para sermos também capazes de avaliar nossa própria força. Ao mesmo tempo, esse estilo de vida nos ajudará, por sua vez, a ficar mais forte. Encararemos a vida com mais descontração, mas com propósito ainda mais firme. Teremos confiança e disposição para nos conhecer, para constatar que somos suficientemente bons. Não mais colocaremos a nós e aos outros em caixas, mas exigiremos espaço para respirar e crescer. Aprenderemos a nos adaptar às mudanças, a ser flexíveis e despreocupados. Teremos confiança para tentar o melhor. Seremos livres.

Não farei nenhuma recomendação especial, apenas direi: esteja presente em seu dia a dia com o máximo de lucidez. *Pois* o caminho está aí, um belo caminho, e nele a prática irá florescer. A vida humana é muito preciosa, mas precisa ser cultivada. Aconselho-o a cultivar sua energia natural, a policiar-se, a examinar seus pensamentos. Somos muito teimosos e não nos deixamos influenciar com facilidade, mas creio que já é hora de mudar para melhor. Arranquemos as vendas de nossos olhos. Sejamos fortes. Há muito amor à nossa frente. Seja tolerante até ao considerar seus próprios erros e defeitos. E, como os outros também estão longe da perfeição, mostre-se compassivo, sufocando sua raiva e suas frustrações. Pratique a compaixão a cada minuto. Vida é prática. Como disse o Buda, "Agora, tudo está em suas mãos".

Espero sinceramente que esses ensinamentos ajudem a todos, inclusive a mim, a desenvolver a compaixão e a bondade, para que nossa vida se torne mais proveitosa. Ministro palestras, escrevo e viajo unicamente para derrubar as barreiras entre as pessoas e as que existem dentro de nós mesmos. O amor não impõe condições, ele é como os raios do sol banhando a Terra. O sol brilha sobre todos nós, mas cada um deve se abrir para a luz, se quiser abrir seu coração.

Agradeço ao meu bom karma e a todos os meus gurus por não caminhar sozinho. *Obrigado*, é só o que posso dizer.

> *"A estrada que tomamos propiciará uma viagem incomum que vai durar muitas vidas. Nem todas as pessoas têm a sorte de descobrir essa senda repleta de desafios, mas que conduz por fim à felicidade e à liberdade. Entrementes, eis minhas palavras para acompanhá-lo enquanto caminhamos juntos."*
>
> – Gyalwang Drukpa

Autorizações para citações

Páginas 29, 37, 41, 44, 46, 69, 89, 115, 121, 132 – *The Dhammapada: The Sayings of the Buddha*, traduzido por Thomas Byrom (Rider, 2002). Copyright © 1976 Thomas Byrom.

Página 139 – *Zen in the Art of Helping*, por David Brandon (Penguin Books, 1990). Copyright © 1990 David Brandon.

Fizeram-se todos os esforços para encontrar os detentores dos *copyrights* e obter sua autorização para uso do material por eles coberto. O editor se desculpa por quaisquer equívocos ou omissões e ficaria grato se os leitores o notificassem de erros que poderão ser corrigidos em futuras edições deste livro.

PRÓXIMOS LANÇAMENTOS

Editora Pensamento
SÃO PAULO

Para receber informações sobre os lançamentos da Editora Pensamento, basta cadastrar-se no site: www.editorapensamento.com.br

Para enviar seus comentários sobre este livro, visite o site www.editorapensamento.com.br ou mande um e-mail para atendimento@editorapensamento.com.br